高等院校研究生用书
TEXTBOOKS FOR GRADUATES

证券投资实证研究

重点文献导读（第二版）

陆正飞　姜国华　张　然　主编

中国人民大学出版社
·北京·

前　言

本书的目的

资本市场研究可以说是国际会计学界和金融学界最主流的研究方向之一，尤其是其中的证券投资、资产定价研究多年来一直是热点研究领域。在这个领域中，会计学界、金融学界结合经济学界、心理学界的研究成果，在投资价值评估、资产定价、风险衡量（以下简称证券投资研究）等方面取得了卓越的成果。

本书的三位编者近 10 年来在北京大学光华管理学院给博士/硕士研究生开设“财务会计研究专题”课程。该课程最主要的内容即是财务会计信息与证券投资研究。在课堂上，通过讲解和讨论本领域的重点文献，引导学生开展相关的研究。在这个过程中，我们感到由于以下几个原因，亟需一本适合该课程的教材。

第一，证券投资研究的学术文章数量巨大，是主流会计学、金融学杂志关注最多的研究领域之一。面对如此多的文章，刚刚进入硕士项目或博士项目的学生很难从中挑选出一组既有代表性，又能基本覆盖证券投资主要研究选题的文章来。第二，由于语言的障碍，一篇英文学术文章往往需要学生花费大量的时间，反复阅读，才能对文章的内容有比较准确的把握，从而增加了学习的难度，降低了学习的效率。第三，任何一篇学术文章都是承前启后，在整个研究体系的某个部位上做出贡献。但是，缺乏对整个研究体系的宏观了解，学生往往不能准确评价一篇文章的贡献，不能从中发掘新的研究机会。如果以上三个问题处理不好，我们开设的博士/硕士研究生课程效果就会不尽理想。

本书的目的即是为解决以上三个问题做出努力。具体来说，本书首先精选了证券投资领域30篇重点文章，为每一篇文章撰写了导读。这30篇文章代表了近几十年来证券投资研究发展的各个不同阶段中具有一定影响力的典型文章，前后连贯，基本上可以呈现出证券投资研究的历史脉络。第二，对于每一篇文章，本书提供了一个比较具体的导读，从文章研究的主要问题，到研究的基本方法，再到该文章在整个研究体系中的地位给予了介绍和论述。第三，本书第1章综述部分对证券投资研究的整体框架做了概括性的介绍，并在以后每章的开篇部分对该章做了更加具体的介绍。

对于一个选修博士/硕士项目证券投资研究课程的学生，或者对证券投资研究有兴趣的读者，本书的以上努力可以帮助他们对证券投资研究的历史发展脉络有一个宏观的认识，这种宏观认识对理解每一篇文章有着重要的作用，它可以帮助读者判断一篇文章的价值和贡献，发掘未来研究的方向。在阅读任何一篇文章前阅读本书提供的导读，可以帮助读者在短时间内掌握该文章的核心内容、研究方法、学术贡献以及对未来研究的启示，从而减轻读者在阅读英文文章时的难度，提高学习效率。

本书的框架

本书精选的30篇文章按照近几十年来证券投资研究的发展历史分成六个部分（第2章至第7章）。第2章介绍的是关于有效资本市场假说的文章。有效资本市场假说（efficient market hypothesis）较早的理论基础可以追溯到Hayek（1945），概念的成型则以Fama（1970）为代表。有效资本市场假说认为，证券市场是充分有效的，风险是决定投资回报的唯一因素，市场上不存在系统性的错误定价，投资者也不能够利用任何信息（会计信息、价格信息或其他信息）取得超额回报。在充分有效的市场上，证券投资的最优选择是持有市场指数基金。

近几十年来，有效资本市场假说是统治会计学、金融学研究的基本思想，也有相当多的文献验证了该假说的准确性或近似准确性。但是，进入20世纪80年代以后，一些学者发现了若干系统的、不符合有效资本市场假说预测的实证证据。本书第3章介绍了这些实证证据。有效资本市场假说一个最根本的预测是股票的预期回报是由其风险水平决定的，投资者不能通过其他变量构建投资策略，系统地取得超过风险回报（或正常回报）的超常回报(abnormal returns)。然而，Banz (1981) 发现在控制了风险回报以后，上市公司的市场规模可以预测未来投资回报，规模小的公司未来回报高，而规模大的公司未来回报低。这样的结果违反了有效资本市场假说的预测。因为有效资本市场假说的统治地位，所以学术界把违反其预测的现象称为"异象"。因此Banz (1981) 的结果被称为市场规模异象。第3章回顾了若干比较重要的异象：市场规模异象、市值/账面价值比异象、反转策略异象、惯性策略异象、盈余漂移异象、应计盈余异象及稳健会计方法异象等。

这些异象的发现直接挑战了有效资本市场假说的基础，因为如果该假说成立，市场上就不会出现系统的错误定价和异象。一旦出现错误定价，投资者就会马上通过反向操作的套利行为利用错误定价来取得超额回报，并在这个过程中迅速纠正错误定价，使市场马上恢复有效性。但是，以上异象的存在时间都很长，从几个月到几年，这表明错误定价是可以持续存在的，投资者可以通过财务报表分析或证券分析来发现市场上的错误定价，并通过套利策略来取得超额回报。

发现了异象，即发现了市场上不符合有效资本市场假说的现象固然重要，更重要的是理解为什么会出现异象，即理解市场为什么、在什么情况下，会出现错误定价。只有如此，我们才可以帮助投资者取得更好的投资回报，从而提高市场的效率。学术研究的目标不是为了反对有效资本市场假说，而是为了促进市场和经济的发展，而充分有效率的资本市场是经济发展最好的助推器。也就是说，有效资本市场是我们的理想状态。但是，我们不能在资本市场还不处于这个理想状态的情况下认为我们已经达到了这个理想状态，而是要研究怎样从现实走向理想的有效资本市场。

异象研究的后续研究主要包含两个部分：一个部分是一旦市场上出现了异象，即错误定价，为什么市场没有像有效资本市场假说预测的那样迅速地纠正错误定价；另一个部分是研究异象为什么会产生。

第一部分又可以分成两个部分，在第4章，回顾了从套利成本角度解释异象为什么会长期存在的文章。有效资本市场假说认为纠正错误定价（套利，arbitrage）是既不需要成本，又没有风险的。但是，第4章中的文章研究表明套利行为是有成本的，比如交易成本、信息成本等。因为有套利成本的存在，所以当套利的收入（回报）低于套利成本的时候，投资者即使发现了错误定价也不会去套利，不会去纠正错误定价，因此，错误定价会持续存在下去，从数据中我们也因此可以观察到异象。

套利不仅有成本，而且有风险。第5章回顾了有关套利风险的文献。套利风险是指投资者在纠正错误定价时要承担额外的风险，而不是如有效资本市场假说所认为的不需要承担风险。例如，在套利过程中，套利者认为价格被高估并因此卖空股票，但该股票的价格可能不跌反升，因此给套利者带来损失。既然要承担额外风险，套利者在套利过程中必然要求相应水平的超额回报。当实际超额回报不能弥补额外风险的时候，套利者就不会参与纠正错误定价的行为，因此，错误定价会持续存在下去，从数据中我们也因此可以观察到异象。

以上两章内容回答的问题是，当错误定价出现以后，为什么没有如有效资本市场假说预测的那样立即消失。异象研究的第二部分后续内容倒退一步，回答为什么市场上会出现错误定价。这部分内容是行为金融学的核心内容，本书第6章介绍了部分重要的文献。行为金融学研究广泛借鉴了心理学研究的成果，从理解投资者心理出发，解释和预测在什么情况下投资者容易错误地为证券定价。投资者错误定价的基本原因有两个。一个是心理偏见（behavioral bias）导致投资者在处理新信息的过程中发生系统性偏差，从而导致错误定价；二是即使投资者处理信息正确，但是在做决策时发生错误或偏差。因为这些错误或偏差，才导致市场上出现错误定价，从而违背了有效资本市场假说。

在第7章中，介绍了两篇对证券研究比较重要的关于统计方法的文献。

为了帮助读者更好地把握本书中文献的脉络，我们撰写了第 1 章，对第 2 章到第 6 章的内容给予了综述。为了帮助读者了解证券投资研究的最新进展，我们撰写了第 8 章，介绍本领域研究的最新进展。

本书的读者对象

如前所述，本书的读者对象首先是学习财务会计理论、资本市场或证券投资的博士/硕士研究生。对教授这类课程的教师来说，本书可以作为课程的主要参考。在北京大学光华管理学院，我们教授博士/硕士研究生研究课程的模式是学术文章精读。每次上课前，两到三名学生要各精读一篇学术文章，然后在课堂上通过 presentation 的形式讲解这些文章，然后老师和同学一起讨论，确定文章的贡献，批评文章的缺陷，发掘潜在的新的研究方向和题目。在这样的过程中，学生能够比较深刻地理解文章，长期积累，学生的研究素养能够较快地得到提高。

其次，有兴趣从事证券投资研究的读者可以把本书作为参考，在熟悉历史文献的基础上发展自己的研究想法和题目。20 世纪 60 年代以来，有效资本市场假说在相当长的时期内统治着会计学、金融学的研究，在极端情况下甚至被当作了教条。但是，随着异象研究的出现，学者们开始从有效资本市场假说以外探索市场定价机制，行为金融学应运而生，并逐渐有了和有效资本市场学派分庭抗礼的实力。迄今为止，证券投资研究的最前沿还是集中在这两条路线的竞争上。正因为如此，证券投资研究仍然是当今国际会计与金融学术界一个火热的、令人激动的研究领域，新的成果不断涌现。

我国在证券投资研究上的起步较晚，据我们观察，在会计学术界尚未引起足够的重视，在金融学术界情况好一些，但是同样需要更大的发展。本书为有兴趣从事这个方向研究的读者提供一个综述，希望能够激发对这个领域更多的研究热情和投入。

最后，本书同样对证券投资界人士有一定的帮助。由于我国证券市场的历史比较短，市场规模和投资基金规模比较小，所以迄今为止更多的投资决策是基于个股的基本面分析做出的。但是，随着市场规模的迅速扩张和基金规模的不断增大，个股分析渐渐不能够满足投资决策的需要。大样本、数量化的会计与证券投资研究将不可避免成为机构投资者的研究工具。这样，本书的内容将对学习和应用这些现代投资分析方法有很好的帮助。

正如截至 2006 年掌控着 2 万亿美元资产的 Barclays Global Investors（BGI）的全球研究主管 Charles Lee 指出的那样，证券投资正在从一种艺术行为演变成 种科学行为。作为科学行为，证券投资决策将更多地依靠科学的分析方法，而不是主观的价值判断。本书的内容涵盖了证券投资研究的科学方法发展的历史和最前沿成果，可以为证券投资界人士提供一个了解国际证券投资研究历史脉络和最新发展的良好开端。

其　他

在本书中，每一篇被回顾的文章都给出了该文章详细的英文作者和题目信息，读者可以通过图书馆、网络等多种渠道取得这些文章的原文。

本书中包括的文章回顾是在本书编者指导下，以选修过我们课程的博士生和硕士生完成的。在此基础上，我们撰写了第 1 章、第 8 章及其他各章的引言部分。在此，我们感谢参加写作文章回顾的同学：牛建军、魏涛、薄仙慧、张继东、崔伟、祝继高、饶品贵、樊铮、申慧慧、傅冠男、孙馨蕊、王锦坤、苏艳阳、杨华、赵琦、刘琼、童创、朱炜、叶昕、陈玥、石孟卿。我们同时感谢近年来所有选修了北京大学光华管理学院“财务会计研究专题”的同学。他们的学习热情和意见建议促使我们编辑了本书。

我们感谢北京大学光华管理学院“财务分析与投资理财研究中心”对本书写作的支持。

陆正飞　姜国华　张　然

目　录

第 1 章

有效资本市场理论、行为金融学与证券投资研究综述[①]

1.1 前　言

20 世纪 80 年代，我国经济改革刚刚开始，毗邻港澳的广东改革步伐比较快，商业活动比较发达；相对来说，北方城市则开放步伐比较慢，商业活动欠活跃。

这时候，墨镜对很多人来说还是一件稀罕的用品，比较好的墨镜甚至需要进口。举例来说，一副好的墨镜，在广州价格是 10 元；那么同样的墨镜，在北京该卖多少元呢？两个城市墨镜价格之间会是什么样的关系呢？这个关系是一成不变的，还是不断变动的呢？

证券市场的创立和发展无疑是 1990 年以来我国经济活动中的历史性事件之一，而证券投资已经越来越成为我国人民经济生活中的一个重要组成部分。而国际证券市场在经历了 100 多年的发展以后，已经成为一个复杂、动态的系统工程，投资活动已经从一项艺术行为（以个人判断为基础）转变

① 本章内容主要来源于 Lee（2001），Lee（2003），Barberis and Thaler（2002）。希望进一步深入了解本书构架的读者可以仔细参阅这些文章。

为一项科学行为（以复杂的科学方法为基础）。[①] 证券市场对个人财富增长、对经济健康发展起着至关重要的作用。

之所以说证券投资已经是一项科学行为，是因为在规模庞大、流动性强的市场上，投资活动必须依靠坚实的理论基础，运用复杂的数理工具，才能在竞争中取胜，为投资者创造超额投资回报。事实上，证券投资研究和证券投资实践往往结合得十分紧密。曾经风光一时的国际对冲基金——长期资本对冲基金管理公司（Long Term Capital Management）拥有众多金融学术界的顶尖人才，包括两位诺贝尔经济学奖获得者，以至该公司一度被认为是世界上最强的“金融学系”。

在证券投资问题上，学术界和投资行业首先需要关注的问题，也是证券投资中最基础的问题之一，是证券市场是否有效的问题。Fama（1970）把市场有效性问题定义为股票价格是否及时、充分、完整地对投资者整体已经掌握的信息做出反应。所谓有效反应是指一条信息如果影响股票的价格，那么股票价格应该在市场（投资者）得到这条信息时马上发生变化，而且变化的幅度正好合适。投资者既不会过度反应，也不会反应不足。因此，在新的信息到来之前，股票价格是对的（等于股票的内在价值）；而新的信息到来之后，股票价格迅速进行了相应的调整，调整后也是对的（等于股票新的内在价值）；而且这个调整过程是瞬间发生的，投资者不可能在信息披露之后利用这条信息交易，取得超额投资回报。

对于任何从事证券投资的研究与实践的人来说，证券市场有效性问题都是一个“分水岭”的问题。如果我们认为市场是充分有效的，那么最好的投资策略就是投资于市场指数基金。这样，我们承担不可分散的市场风险，并取得相应的风险回报。任何企图通过其他方法来取得超过风险回报以外的超额回报的做法都是多余的；因为市场有效，所以所有证券的定价都永远是对的，不存在错误定价，也就不存在赚取超额回报的机会。

但是，如果我们不认为市场是充分有效的，也就是承认了市场上可能存

---

① Charles Lee，原 Barclays Global Investors（BGI）全球研究主管，现斯坦福大学教授，2007 年在北京大学的演讲。

在系统的错误定价。在发现了错误定价以后，我们可以通过反向交易，取得超过风险回报以上的超额回报，并在这个交易过程中铲除错误定价，提高市场有效性。

近 20 年来，围绕证券市场是否有效的问题，经济、金融、会计学界已经发展出两个持有对立观点的学派：有效资本市场学派和行为金融学派。前者认为证券市场是有效的，而后者则持相反观点。这两个学派的交锋是经济科学发展史上的重要事件，是今天金融学、会计学研究中朝气蓬勃的重要领域。同时，这两个学派的交锋对证券投资实践的影响也是深远而巨大的。

关于市场有效性的交锋的核心问题是证券价格的决定机制问题。传统的金融理论认为证券的价值是其未来现金流的折现值。任何新的信息，只要它影响到对未来现金流的预测和对企业风险（折现率）的评估，就会影响企业的价值。有效资本市场学派认为价格反映价值的过程是及时、充分、完整的，所以证券价格一直等于其价值。但是，行为金融学派则认为价格反映价值的过程不是这样简单。市场上存在着各种各样的障碍妨碍投资者及时、充分、完整地对新的信息做出反应，并准确地调整价格到对的水平上。因此，市场上会存在系统性的错误定价和赚取超额回报的机会。

本书的内容就是为读者理解有效资本市场学派和行为金融学派的交锋、理解证券价格的决定机制、理解价格对信息的反应过程提供一个框架、发展脉络和前沿介绍。随着我国证券市场规模的迅速扩大，随着机构投资者管理的资金规模的扩大，基于大样本、数量化的科学投资方法必然成为投资活动的核心竞争力，而本书的内容可以为读者提供这方面的理论基础和实践前沿。

1.2 有效资本市场假说

为说明问题起见，我们做一个不完全正确的假设：假设 20 世纪 80 年代我国大陆墨镜市场的效率和一个典型的证券市场的效率是一样的。之所以说这个假设不完全正确是因为产品市场一般来说不如证券市场的交易效率高。

这样，有效墨镜市场学派就认为墨镜在广州的价格应该等于其在北京的价格。如果一副墨镜在广州卖10元，在北京也应该卖10元。我们姑且把墨镜在广州的价格认为是墨镜的内在价值。

为什么有效墨镜市场学派会这样认为呢？因为他们认为社会上有一批聪明人，又叫套利者（arbitrageur），俗称倒爷，80年代时被称为投机倒把分子。这些人以赚取超额利润为目的。如果墨镜在北京的价格不是10元，而是15元（错误定价出现了，市场不是充分有效了），他们马上就看到了一个赚钱的机会。他们去广州购买墨镜，然后到北京市场来卖，一副墨镜赚5元钱。

随着倒爷数目的增加，北京市场上墨镜的供给增加，墨镜的价格逐渐下降，直到北京市场上墨镜的价格下降到10元为止，市场有效性恢复了。

在这个过程中，动作快的倒爷赚钱，动作慢的则不赚钱，因此，大家行动的速度都很快，错误定价被纠正的速度也很快。

基于这样的逻辑推理，有效墨镜学派认为大陆的墨镜市场应该是有效的。

让我们首先想象一个最理想的证券市场。在这个市场上，证券交易是免费的，所以没有交易佣金、买卖价差（bid-ask spread）等交易成本。同时在这个市场上也不存在证券持有成本，如和卖空股票（short-sell）有关的成本。更重要的，在这个市场上，大家拥有的和证券价值相关的信息是一样的，并且对这些信息的理解也是一样而且完美的。换句话说，大家对这个证券的估值不仅是一样的，而且是在现有信息基础上最准确的。这个市场是一个没有证券交易成本（trading costs）、证券持有成本（holding costs）和信息成本（information costs）的高效率的市场。

可以说，有效资本市场假说（efficient market hypothesis，EMH）在一定意义上认为证券市场是一个没有证券交易成本、证券持有成本和信息成本的高效率的、最理想的市场。在EMH的市场上，证券价格等于它的价值。一旦一条和证券价值相关的信息披露出来，市场会迅速做出调整，使价格重新等于价值。没有人或任何交易策略可以前瞻性地（exante）利用公开的信息赚取系统的超额投资回报。也就是说，在这个市场上，证券定价在任何时点上相对于投资者拥有的信息来说都是“对”的。错误定价（mis-pricing）不存在。这是因为所有投资者都拥有同样的信息①，并具有同样的信息分析能力。

在这种情况下，有效资本市场意味着股票的价格在任何时点投资者所拥有的信息的基础上，应该是该股票预期带来的未来各期现金流的折现值。

$$P_t = V_t \equiv \sum_{i=1}^{\infty} \frac{E_t(D_{t+i} \mid \delta)}{(1+r)^i} \tag{1}$$

式中，V_t 是股票在时间 t 的内在价值；$E_t(D_{t+i} \mid \delta)$ 是基于时间 t 信息的对未来第 $t+i$ 期的股利的预期；r 是折现率。这个公式表明在任何时间 t，一个股票的价格等于其内在价值。市场是有效的。

当市场接到关于某一公司新的信息以后，投资者根据新的信息调整对未来现金流 $E_t(D_{t+i} \mid \delta)$ 的预测，和对折现率 r（公司风险）的评估，股票内在价值 V_t 发生变化，同一时间，股票价格 P_t 也发生同样的变化，市场上继续保持价格等于价值的有效状态。

模型（1）从有效资本市场学派角度回答了他们和行为金融学派的交锋问题：证券价格的决定机制是基于现有信息的未来现金流折现，价格对信息的反应过程是及时、充分、完整的。

有效资本市场假说为什么会成立呢？其原因可以追溯到 Hayek（1945）和 Friedman（1953）。Hayek（1945）深刻、精辟地论述了市场在经济活动中的作用。因为知识分为两类，一类是“通用知识”，大家都知道；另一类是特定时间、特定地点的“现场知识”。如果经济的运行是由一个中央计划者来管理，他掌握“通用知识”，但是很难掌握决策所必需的“现场知识”。“现场知识”掌握在企业、消费者等经济的基本构成单位手上。但是，如果经济的运行是由市场来管理，则可以克服这个问题。概括来说，在市场中，

① 所有投资者拥有同样的信息是不可能的，但是因为股票价格在有效资本市场上综合了所有人的信息，只要知道了市场价格，就相当于拥有了所有的价值相关信息。

我们不需要一个特定的人或机构掌握所有的知识，企业、消费者等各方通过交易过程可以综合散布在经济各个角落中的“现场知识”，并通过价格把这些知识综合起来，传递给市场所有的参与者。所以价格体现了所有的价值相关信息。

Friedman（1953）进一步认为，在市场上一旦价格偏离了价值（错误地综合了信息），理性经济人（rational agent）可以迅速地通过交易纠正错误，使价格回归到价值上来。

在这两篇文章的基础上，有效资本市场假说提出了“套利者”[①]（arbitrageur）和“套利过程”的概念。套利者是理性、聪明的投资者，他们能够发现市场上价格偏离价值（错误定价）的情况，并有能力通过套利过程纠正错误定价，维护市场有效状态。

例如，假设福特汽车公司股票的内在价值是 20 元[②]，一部分投资者（噪音投资者，noise trader）[③] 突然对福特股票特别悲观，因而把其股票价格打压到 15 元。这时，有效资本市场假说认为，聪明的投资者会立刻发现这个错误定价和赚钱的机会，他们将买进福特股票。因为他们的交易行为，福特的股票价格会从 15 元回归到 20 元的正确价值。因此，聪明投资者赚钱的动机和行为，保证了股票市场上错误定价出现了也不会持续，因而就保证了证券市场的有效性。

套利活动往往不仅涉及买入证券，大部分时候套利者需要同时做对冲交易（hedging），以控制买入证券所承担的风险。对冲交易就是在买入一部分证券的同时卖空风险相同的另一部分证券（例如，在买入福特股票的同时卖空通用汽车的股票）。这两部分证券的风险相同（perfect substitutes），同时买入和卖空可以对冲掉交易中涉及的风险。理论上来讲，套利者还可以使用卖空得到的资金买入证券，所以套利者的套利活动既不需要资本，也不承担

---

① 在本文中，套利是一个中性词汇，而不是贬义的。套利指任何利用市场上的错误定价来取得超额投资回报的投资行为。

② 本例子取自 Barberis and Thaler（2002）。

③ 噪音投资者对应聪明的投资者（套利者），他们因为各种原因不能正确评估股票的价格。当噪音投资者的数量足够多时，他们的交易使股票价格偏离价值。

风险，但是可以取得从错误定价的股票上赚来的回报。这部分回报的取得因为没有风险，所以也称为超额回报（abnormal returns）。或者说，这部分回报是“免费的午餐”。在聪明人云集的证券市场上，“免费的午餐”是不可能存在的，所以在无成本、无风险套利活动的“威胁”下，错误定价在市场上不存在，市场也保证是有效率的。①

1970 年，芝加哥大学 Eugene Fama 教授在 *Journal of Finance* 上发表了《有效资本市场：理论与实证回归》一文，正式系统地提出了有效资本市场假说。

毫无疑问，有效资本市场理论是过去几十年中金融学对人类社会最重大的几个贡献之一。它不仅开辟了金融理论研究的新天地，而且对经济资源的配置起到了重要的指导作用（如指数基金的出现）。② 对于会计、金融学研究来说，有效资本市场理论是大量实证研究文章的理论基础。③ 比如说，在会计研究中占重要地位的信息含量研究（information content）和价值相关性研究（value-relevance），都是建立在有效资本市场理论的基础上。例如，要研究一条会计准则最新要求披露的信息是否对投资者有用，这条信息就作为自变量（和其他控制变量一起）用来解释股票价格或回报（因变量）。如果其回归系数在统计意义上显著，研究者就认为这条信息是“有用的”。在这样一个研究中，股票价格是衡量新的会计信息是否“有用”的标准，即价格是“对”的。研究者们不去考虑价格向价值回归的过程可能需要更长的时间，或者回归的过程并不是完全充分的。

有效资本市场假说不仅是学术上的重大贡献，而且对我们认识证券市场在经济活动中的地位和作用有着重大的帮助。在有效资本市场上，资本成本完全由风险决定，处于最合理的状态。企业家能够以合理的资本成本从证券市场上融集资金，从而促进企业的创立和发展。社会资源通过有效资本市场得到最合理的分配，从而促进经济的健康发展。

---

① 在我国证券市场上，卖空股票还只在有限范围内被允许。

② 近几年来，Eugene Fama 教授已经被认为是诺贝尔经济学奖的有力竞争者之一。

③ 在学者们评论一篇研究资本市场的实证文章时，最首要的问题之一就是该文章在资本市场是否有效上的立场。

因此，充分有效的资本市场是我们努力的方向，提高资本市场的效率是对经济发展最好的贡献。本书回顾的研究虽然处于两个不同的学派，观点针锋相对，一个学派认为证券市场已经是充分有效了，而另一个学派认为证券市场是在动态中不断寻找有效率的状态，但是两个学派的目标是一致的，都是帮助投资者正确理解资本市场，理解价格形成机制，理解资源合理分配，从而促进经济发展。

1.3 投资异象的出现及其对有效资本市场理论的挑战

有效墨镜市场学派认为之所以北京和广州的墨镜价格必定是一样的，是因为有套利者（倒爷）的存在。一旦北京墨镜的价格高于广州墨镜的价格，套利者就会从广州往北京倒卖墨镜，赚取价差，并通过倒卖活动使北京和广州墨镜的价格保持一致。

但是，这个学派的理论有一个漏洞：一旦北京和广州墨镜的价格一致了，套利者就没有动机从广州向北京倒卖墨镜了。而一旦套利者停止了倒卖活动，北京市场上墨镜供给减少，必然会导致墨镜价格上升，偏离其内在价值（在广州市场上墨镜的价格，10 元）。也就是说，这种情况下，墨镜的价格开始偏离价值了，市场上错误定价出现了，市场有效性不成立了。

当北京市场上墨镜的价格高于广州足够高时，套利者又发现倒卖墨镜有利可图了，就又开始从广州向北京倒卖墨镜，促进北京市场上墨镜的价格再次向价值靠拢。

所以，有效墨镜市场认为的静态市场有效性是不成立的。价格是在动态中围绕价值波动的，在有效和无效之间波动。

Grossman and Stiglitz（1980）非常精辟地指出了有效资本市场理论中存在的悖论。如果股票的价格在任何时刻都等于股票的内在价值，也就是说，股票价格在任何时候都完全、无偏地反映了投资者所拥有的信息，那么，一个投资者完全可以不去从事收集、分析信息的工作，而是直接从股票的市场价格上推导出市场上所有关于股票内在价值的信息。因为收集、分析信息都是要付出成本的，这样，在有效资本市场上，没有信息的投资者就不会去收集和分析信息；但是，如果所有的投资者都不去收集、分析信息，股票价格就不能有效地反映股票的价值。因此，正如 Grossman and Stiglitz（1980）指出的，和有效资本市场理论的结论相反，在有效资本市场上，均衡状态是不可能存在的。

有效资本市场理论认为，如果股票价格因为某种原因偏离了其内在价值，套利者在追求超额投资回报动机的驱使下会马上采取行动，通过交易使股票价格回归到其内在价值上来。在有效资本市场理论看来，这个过程是在瞬间完成的，所以持续的错误定价（或套利机会）是不存在的。

但是，如 Lee（2001）做的一个比喻，因为套利行为的存在就认为市场是完全有效的，就像因为地球引力的存在就相信海面是平的一样。遗憾的是，海面并不是平的，有海浪、海潮、波峰、波谷。更为合适的表述应该是股票价格在任何时候都在努力寻找着内在价值，但是在任何时候，各种各样的信息都在冲击着价格，使其偏离其内在价值。有效资本市场是一个过程，而不是一个目的。所以，我们的研究应该把重点放在什么时候、什么情况下、为什么价格会回归（或不回归）内在价值，而不是直接假设价格等于价值。

80 年代初开始，金融学、会计学研究发现了一些投资异象，并开启了学术界对有效资本市场假说的质疑和挑战。

所谓投资异象（anomaly），是指一部分股票的回报异常，可预测。

在有效资本市场假说下，股票价格等于价值，在未来现金流一定的前提下是由企业的系统风险水平（通过折现率）决定的。资本资产定价模型（capital asset pricing model，CAPM）是衡量股票风险水平并计算股票预期回报（又叫正常回报，折现率）的理论模型。通过资本资产定价模型，我们可以计算任何股票的正常回报。股票实际回报和正常回报之间的差别称为超常回报（abnormal return）。同时，除了风险因素外，投资者不能够事先通过任何其他因素预测股票的回报和超常回报。

但是，80 年代后出现的一些投资策略研究却发现了一些因素或者指标可以在控制了风险因素以后，还能系统地预测股票未来的回报。学术界因此把这部分研究称为异象研究。

比较早的一篇异象研究是 Banz（1981）。在这篇文章中，作者发现在控制了市场风险以后，规模小的公司未来回报系统地高于规模大的公司的回报。这个现象之所以异常是因为公司规模本身不是一个风险因素，所以从理论上来说不应该在控制了公司风险以后有预测未来回报的能力。接下来，Basu（1983）等发现盈余、股东权益或现金流等会计指标除以市场价值的比率可以预测未来投资回报。这些比率越大，未来回报越高；这些比率越小，未来回报越低。

其他的投资异象包括反转异象（DeBondt and Thaler，1985）、惯性策略异象(Jegadeesh and Titman，1993)、盈余公告后漂移异象（Bernard and Thomas，1990）、应计异象（Sloan，1996）和稳健会计政策异象（Penman and Zhang，2002）。这些异象的共同点都是投资者不能够对公开的历史会计或价格信息做出正确反应，或者反应过度，或者反应不足，导致股票未来的回报可以事先预测，并且即使控制了风险以后，还有可以预测到的超额回报。

不仅学术界的异象研究构成了对有效资本市场假说的挑战，投资行业积极管理投资基金（active funds）的发展本身就是对有效资本市场假说的挑战(Lee，2003)。如果市场是充分有效的，理性的投资者应该只投资于指数基金，而不应该支付更高的费用投资于积极管理投资基金。积极管理投资基金的目标就是要利用专业人士的技能，发掘市场上的错误定价，取得超过风险回报的超额回报。如果市场是充分有效的，显然积极投资策略都是徒劳的。所以，很难想象几十年来，投资者不断把资金投入到徒劳的行为中去。

面对异象研究的挑战，以 Eugene Fama 教授为代表的有效资本市场学派做了大量开创性的研究，继续捍卫有效资本市场学说。他们最重要的论据是风险的衡量问题。在 1970 年的文章中，Fama 教授就提出了检验有效资本市场假说的一个重要困难。任何这样的检验都不可避免地是一个对市场有效性和风险衡量模型的联合检验。即使资本资产定价模型（CAPM）获得了诺贝尔经济学奖，仍然只是衡量风险的理论模型的一种。我们无法知道它是否抓住了企业的全部系统风险。所以，当我们检验市场有效性的时候，如果出现了异常回报（异象），很难因此做出市场是无效的结论，因为也有可能是CAPM没有充分控制住企业的系统风险，因此异常回报只是对（我们观察不到的）另一种CAPM衡量不到的系统风险的补偿，而不是超额回报，因此不是市场无效的证据。

在此基础上，为了回应异象研究的挑战，Fama and French（1992，1993，1996）发展了CAPM模型，在实证数据的基础上提出了扩展的Fama-French三因素资本资产定价模型。三因素除了包括市场风险因素以外，又纳入了市场规模因素（size factor）和账面/市值比因素（book-to-market factor）。市场规模因素被认为是一个和市场风险因素独立的风险因素，而账面/市值比因素也被认为是一个和市场风险因素独立的风险因素。

在控制了三因素以后，Fama and French（1992，1993，1996）发现规模异象和盈余/股东权益/现金流市值比异象的超额回报都消失了，因此这些异象不能说明市场是无效的。

Fama-French三因素现在已经被学术界接受，作为控制风险的基本点。但是它本身有着重要的缺陷。资本资产定价模型（CAPM）所确认的市场风险因素是基于坚实的经济学理论推导出来的，而市场规模因素和账面/市值比因素是基于实证数据计算出来的。没有任何经济学理论支持这两个指标是系统风险的代表。如果按照这个做法，我们发现任何异象以后，都可以根据这个异象指标构建一个风险因素把这个异象解释掉。

同时，在与市场规模和账面/市值比无关的异象研究中，在控制了Fama-French三因素以后，超额回报普遍不会降低，而且常常会增大。这也对Fama-French三因素提出了质疑。总之，现在的研究在检验一个投资策略是否有超额回报时一般要控制三因素，主要不是因为大家认为它们是风险因素，而是为了检验新的异象是否在市场规模、账面/市值比之外还有预测未来回报的能力。

1.4 套利成本与市场有效性

有效墨镜市场学派认为套利者（倒爷）可以无成本、无风险地从广州向北京倒卖墨镜，所以墨镜市场应该是有效率的，价格应该等于价值（10元）。

但是实际上，在两地间倒卖墨镜是需要成本的，我们称这种成本为套利成本（cost of arbitrage）。第一种套利成本是交易成本，套利者需要花费两地间的交通费，以及其他因为从事此项活动而多支付的费用。第二种套利成本是持有费用。例如，套利者到广州购买墨镜所使用的资金，如果不从事此用途，在此期间存入银行可以取得利息，或者套利者借钱购买墨镜需要支付的利息。第三种套利成本是信息成本，是为了解两地墨镜行情，发现套利机会，套利者需要发生的费用。

假设倒卖每副墨镜平均套利成本是1元钱，那么套利者的存在并不能保证墨镜市场的有效，广州、北京两地的墨镜价格不一定是一样的。也就是说，即使存在错误定价，套利者也不一定利用错误定价来套利，并在这个过程中铲除错误定价，恢复墨镜市场的有效性。

其原因在于1元钱套利成本的存在，北京的价格必须要高于广州1元钱以上才能吸引套利者去套利。当北京墨镜的价格低于11元的时候（比如说10.8元），套利是不赚钱的，甚至倒卖一副墨镜要亏0.2元钱。因此，和有效墨镜市场预测不同，因为套利成本的存在，套利者并不能够铲除0.8元的错误定价，墨镜市场并不处于有效状态。

事实上，不考虑下面的套利风险补偿，套利成本是错误定价的上限，北京墨镜的价格可以长期偏离其内在价值达1元。

如前面论述，有效资本市场假说的核心依据是套利者的存在，以及无成本、无风险的套利行为的存在，这些因素可以防止任何错误定价在产生以后继续下去。但是，无成本、无风险的套利行为只存在于理论当中，它并不符合证券市场的实际。本节讨论套利成本对套利行为和市场有效性的影响，下一节讨论套利风险的影响。

有效资本市场假说中的市场是个理想的资本市场，是一个没有证券交易成本（trading costs）、证券持有成本（holding costs）和信息成本（information costs）的高效率的市场。但是，在现实的资本市场上，这些套利成本都是存在的。

首先，证券交易中要发生手续费（commissions）、买卖差价（bid-ask spread）、价格冲击（price impact）及各种税费等。其次，持有证券有时候也发生成本，尤其对套利者来说。套利行为往往要卖空一些证券，证券法规、交易所规则要求卖空者缴纳一些费用（如借用证券的费用）。更重要的，和理想市场不同，在现实市场上，大家拥有的和证券价值相关的信息是不一样的，对这些信息的理解也是不一样、不完美的。取得和分析信息都要付出一定的成本。我们可以把这三种成本称为套利成本（costs of arbitrage）。

需要指出的是，此处使用的信息成本概念是十分广义的。任何收集、整理和分析信息的行为或为进行这些行为做准备而付出的成本都归入信息成本。前者包括收集、整理数据，雇佣分析师，或购买分析师报告等行为的成本；而后者包括为取得分析信息的能力而付出的成本，如学习、培训等行为发生的成本。在这样的定义下，如果一个新的会计准则要求企业披露一条以前没有披露的信息，投资者面临的信息成本会降低；对于已经披露的信息，如果一项研究工作帮助投资者更好地理解了这条信息对企业价值的影响，投资者支付的信息成本也会降低。总之，所有阻碍投资者正确评估企业内在价值的信息障碍都构成了信息成本。

在这种存在证券交易成本、持有成本和信息成本的情况下，即使市场上出现了错误定价，证券的价格偏离了价值，即在市场的某个空间内，非效率（inefficiency）出现了，套利者也不见得可以通过其套利行为纠正这个非效率的情况，原因是套利行为带来的投资回报不一定能够弥补套利成本。例如，如果在一个市场上，会计准则混乱，企业做假盛行，同时会计人才昂贵，投资者要想发掘潜在的错误定价，需要付出高昂的成本，甚至高于潜在的错误定价可能带来的投资回报。因此，投资者就选择不去分析股票，因而一个非效率现象（错误定价）可能在证券市场上存在相当长的一段时间（可能根本不为投资者所知），而不是像有效资本市场理论预期的那样迅速消失。证券的价格也就不一定等于其内在价值。

所以，套利成本构成了错误定价的上下限。当股票价格和内在价值偏离的程度不超过套利成本的时候，套利者无利可图，不进行套利行为，因此也就不能够铲除错误定价。市场因此会处于无效状态，而不是完全有效的状态。

举例来说，惯性投资策略（momentum trading strategy）要求购买过去3～12个月中股价表现好的股票，卖空同期股价表现差的股票。这个策略被反复证明能够产生超额投资回报（Jegadeesh and Titman，1993）。但是，Lesmond，Schill，and Zhou（2004）表明惯性策略使用的股票往往是那些套利成本比较高的股票。正是因为套利成本高，套利者不能够从这些股票上套利取得超额回报，所以这些股票的错误定价才长期存在下来。虽然 Lesmond，Schill，and Zhou（2004）不一定能够完全解释惯性投资策略的超额回报，但是从中我们可以看出套利成本可以达到很高的程度，因此而造成的市场非效率也是很严重的。

那么，在学术研究和投资实践中如何衡量套利成本呢？

应该说，迄今为止，我们在衡量套利成本的研究上还处于比较早期的阶段，精确衡量套利成本十分困难。股票交易手续费应该说是最好衡量的了，但是在现实当中并非如此。很显然，投资者性质不同（是个人投资者还是机构投资者），一次交易量不同，交易渠道不同等因素都会影响到交易手续费的多少。更困难的是，在研究市场有效性的问题时，我们关注的是边际投资者（marginal investors）所需要支付的交易费用。我们很可能不能确定谁是边际投资者。

证券交易成本的另外一个组成部分是价格影响。当投资者看到目前的股票价格，并决定按照这个价格交易时，如果交易量比较大，投资者一旦下单交易，真正得到的价格和交易决策基于的价格已经不一样了。所以最后实现的回报不是做投资决策时认为可以得到的回报。很显然，这部分成本很难直接衡量。

套利行为往往要卖空股票，一些时候可能做对冲风险的工具，而另一些时候是投资者希望卖空并从股票价格下跌中获利，但是卖空是受到限制的（short-sale constraint）。第一，很多证券市场对卖空股票有政策上的限制。有的市场不允许卖空，其他国家只允许卖空一小部分股票。第二，一部分机构投资者在章程中就规定基金经理不得卖空股票。第三，即使卖空是被允许的，当投资者真正卖空一只股票时，可能发现借这只股票来卖空的成本特别高，甚至无论在多高的成本上都借不到股票。

卖空限制的直接后果是对股票未来前景持有悲观看法（看跌）的投资者如果不持有该股票，就无法通过交易行为来向市场传递自己所拥有的负面消息。结果是股票价格反映的是对股票未来持有乐观态度的投资者的信息，从而导致股票价格被高估，出现错误定价。

同样，和卖空股票相关的套利成本也是很难估计的。信息成本，即发现错误定价的成本，就更不容易估计了。

但是，正因为难以估计，又因为它对我们理解市场有效性的关键作用，套利成本研究才是现在金融学研究中的一个热门话题。一些近年来的研究分别从不同的角度试图去估计套利成本，或者寻找和套利成本相关的因素来作为套利成本的代理变量。本书第 4 章回顾了几篇比较成功的研究套利成本的文章。

总之，由于套利成本的存在，错误定价一旦出现，不一定如有效资本市场假说预测的那样迅速被套利者铲除。当套利的回报低于套利成本的时候，套利者不会去套利，错误定价会持续存在下去。这是在异象研究出现以后，学术界所深入研究的一个重要方向。套利成本的研究部分解释了异象的原因，并指出了有效资本市场假说所依赖的无成本、无风险套利过程的误区之一。

1.5　套利风险与市场有效性

套利行为除了有成本，还有风险。从广州向北京倒卖墨镜的套利者也需要承担风险。

一种风险可能是碰到车匪路霸。一旦遭遇抢劫，财物尽失。

即使运到了北京，如果正好当年北京天气是阴天多，晴天少，消费者对墨镜的需求大幅度减少，导致墨镜价格下跌，套利者要承担损失。

又或者，墨镜运到了北京，突然时尚转变了，戴墨镜成了不流行的事情，套利者一样遭受损失。

总之，这些情况的出现都会使套利行为不仅挣不到之前北京和广州间的差价，还会遭受损失。

这样，当北京和广州间的墨镜价格出现差别，市场不完全有效率的时候，套利者就不会像有效墨镜市场学派认为的那样立即去套利，纠正错误定价，因为纠正错误定价的套利行为需要承担风险。承担风险就需要从套利行为中获得相应的风险补偿。例如，为了补偿上述风险，套利者需要每副墨镜承担 2 元钱。这样，只有北京的墨镜价格在 13 元以上时，套利者才会出动。当墨镜价格在 13 元以下，比如 12.8 元，套利者就不会出动，因而北京的墨镜会一直高于广州 2.8 元。

用学术语言来说，市场失效了，错误定价出现了并持续存在下去了。

即使不考虑套利成本，套利行为仍然不一定能够纠正市场上所有的非效率情况。有效资本市场理论假设套利行为是不用资本、没有风险的。但是，现实中的套利行为往往是需要资本投入，同时又承担风险的。

我们再回到之前举的福特汽车的例子。假设福特汽车公司股票的内在价值是 20 元，一部分投资者（噪音投资者，noise trader）突然对福特股票特别悲观，因而把其股票价格打压到 15 元。这时，有效资本市场假说认为，聪明的投资者会立刻发现这个错误定价和赚钱的机会，他们将买进福特股票。同时，为了对冲掉福特股票的风险，即为了无风险地赚取这 5 元钱的错误定价，套利者同时卖空通用汽车的股票。卖空通用汽车股票的目的是锁定 5 元钱的利润。之所以如此，是因为如果宏观经济或行业情况发生变动，福特股票和通用汽车股票（作为同行业、近似规模的公司）将发生同样的变动。用学术语言来说，两个股票是完全替代品（perfect substitute）。例如，如果宏观经济发生对汽车行业不利的变化，两只股票都跌了 1 元，那样，套利者在福特股票上亏了1元，但是在通用股票上赚了1元（因为卖空），投资者因此继续能够锁定5元钱的套利利润。如果两只股票同涨，结果也是一样。

因为套利者的购买行为，福特的股票价格会从15元回归到20元的正确价值，套利者无风险地取得了5元钱的套利利润。因此，聪明投资者赚钱的动机和行为，保证了股票市场上错误定价出现了也不会持续，因而保证了证券市场的有效性。

但是，这种无风险套利的理想状态在现实投资活动中很少存在。套利者首先面对着企业基本面风险（fundamental risk）。企业基本面风险是指只和套利对象有关，和用来对冲风险的股票无关的风险。例如，如果福特汽车使用的轮胎公司和通用公司不同，而且福特的汽车经常爆胎。这样的情况就会导致福特股票下跌但通用股票不跌。所以，在这种情况下，卖空通用股票没有起到对冲风险的作用，套利者因而遭受了投资损失。基本面风险的核心问题是在现实生活中，理论上的完全替代品很难找到，所以对冲策略不是完美的，套利者不得不承担套利风险。

套利者面临的第二种风险是噪音投资者风险（noise trader risk）。即使通用股票是福特股票的完全替代品，套利者不承担公司基本面风险，但是这并不能保证两只股票的联动。

Shleifer and Vishny（1997）论述了噪音投资者风险。Shleifer and Vishny（1997）模型的核心就是套利行为需要资本投入并承担风险。套利者承担风险的核心来源是被错误定价的证券，其价格可能在一定时期内变得更加错误。套利者首先发现了一个或一组证券的价格偏离了内在价值，并（正确地）相信该证券的价格最终会回归到其价值上。因此他采用相反的套利操作，希望在证券价格回归价值时取得超额回报。但是，在价格回归价值之前，这个证券的价格可能偏离价值更远，而使套利者在短期内承担交易损失。这种可能性是不能排除的，因为既然噪音投资者可以把福特股票从20元打压到15元，我们就不能否认他们可以进一步把福特股票价格打压到10元（同时通用汽车的股价不变），从而使套利者遭受损失。

当然，如果套利者有足够的耐心和承受能力，福特股票价格最终是要回归到 20 元的，短期的亏损只是账面上的，没有关系，不是风险。但是，在现实交易中，由于交易规则限制、卖空限制或投资者给套利者施加的压力（套利者往往是机构投资者），套利者在亏损情况下很可能就不得不平仓（liquidate），而使短期内的损失变成真正的损失，丧失了本来可以得到的套利回报。

总之，因为套利风险的存在，套利者需要套利活动能够提供风险补偿，这就进一步在套利成本的基础上提高了套利的门槛。只有错误定价的幅度大于套利成本和套利风险补偿之和以后，套利者才会进行套利。当错误定价的幅度小于套利成本和套利风险补偿之和的时候，套利不会发生，错误定价会持续存在下去，从而违反了有效资本市场假说的预测。本书第 5 章回顾了若干研究套利风险的文章。

1.6 行为金融学：错误定价为什么会发生？

到现在为止，我们介绍的是当北京和广州市场上墨镜价格出现差异后，为什么套利者（倒爷）不一定能够通过套利行为铲除差价，恢复市场效率。但是，另外一个重要问题是两个市场为什么会出现差价。

出现差价首先是供求关系造成的，但什么原因造成了北京市场上供求关系的变化呢？

墨镜，和任何其他商品一样，有它的使用价值，遮挡阳光。使用价值决定了墨镜的内在价值，是决定供求并进而决定墨镜价格的一个主要因素。但是，使用价值不是决定一件商品供求和价格的唯一因素。

使用价值决定的是消费者对墨镜的理性需求，但是消费者情绪同样决定墨镜的需求和价格（但不决定墨镜的内在价值）。

什么是消费者情绪？突然有一段时间，某个热播的电影或电视剧里的某大明星出场时带着墨镜，他酷、帅的样子在消费者中引领了墨镜的时尚，并导致原来不喜欢墨镜的人也戴墨镜，导致人们阴天下雨的时候也戴墨镜。这种时尚效果是消费者情绪，这种对墨镜的需求是和墨镜内在使用价值无关的需求，但是这种需求同样改变墨镜价格，推动墨镜价格在北京上涨，偏离其内在价值，出现错误定价，破坏市场效率。

当这个大明星在下一部热播的电影或电视剧中改戴围巾以后，时尚转变，消费者对墨镜的需求又回归到对其使用价值的需求，墨镜的价格向价值回归。

所以，消费者情绪（或心理偏差）导致了错误定价。

历史上不乏消费者情绪影响商品价格的例子，最著名的当属17世纪荷兰发生的郁金香泡沫。郁金香在16世纪从土耳其引入荷兰，因为其美丽稀少，很快成为时尚。投机交易随之开始。在最顶峰的时候，一株郁金香可以卖到76 000美元。六周以后，同样的郁金香只卖1美元。我们很难从理性的角度，从价格等于价值的角度解释类似的现象。

在前面几节中，我们讨论的是当错误定价发生以后，市场为什么不一定如有效资本市场假说预测的那样，通过套利者的套利活动铲除错误定价，恢复市场效率。但是，如果市场从来都不发生错误定价，那么，套利成本和套利风险的存在也不妨碍证券市场一直是有效的。

异象研究的出现说明证券市场上错误定价是不断发生的。所以，一个重要的问题是理解为什么一个股票的价格会偏离其内在价值，出现错误定价，出现异象？行为金融学正是一个研究什么时候、什么情况下、为什么价格会偏离，或继续偏离内在价值的新兴学术领域。在行为金融学看来，市场上除了聪明投资者（smart-money investors），还有噪音投资者（noise traders）。聪明投资者是指那些能够正确理解信息并进行交易的投资者①，而噪音投资者是指那些以为自己拥有（实际上没有）并正确（实际上不正确）理解了信息的投资者。当然，一个投资者可以在面对这条信息时是聪明投资者，而在面对另一条信息时是噪音投资者（Shiller，1984）。

聪明投资者（理性人）在接到一条新的信息后，从信息到影响股票价格

① 也就是说，如果市场上所有的投资者都是聪明的投资者，市场就是有效资本市场了，即使存在套利成本和套利风险。

经历两个步骤。第一个步骤，聪明投资者根据 Bayes 法则处理信息，修正自己对股票价值的看法（belief）；第二个步骤，在正确处理信息的基础上，其投资决策符合 Savage 效用法则（preference，偏好）。这样，新的股票价格将继续等于股票的内在价值，维持市场的有效性。

噪音投资者则在以上两个步骤中分别或共同违反 Bayes 法则和 Savage 效用法则，从而造成错误定价。行为金融学大量借用心理学中的研究成果，证明投资者在处理信息和投资决策过程中发生的系统性偏差及其对股票定价的影响。

首先，大量的心理学研究表明人们在处理信息时由于系统的心理偏见（heuristic bias），因而违背了 Bayes 法则。比如说噪音投资者容易过于自信（over-confidence），对强度大的信息过度反应（over-reaction）或者对强度小的信息反应不足（under-reaction）。在这些投资者中容易出现“羊群效应”（herding）和“信息瀑布效应”（information cascade）等。[①] 正是因为这些偏见的影响，噪音投资者能够推动证券的价格偏离其价值，因而造成错误定价。更为严重的问题是，当噪音投资者的力量足够大的时候，错误定价可能持续足够长的时间，因而套利者（聪明的投资者）不能够通过套利行为来纠正股票的价格。其原因就是上面提到的，噪音投资者可以为套利行为带来风险，并因此阻止套利者纠正噪音投资者造成的错误定价。

其次，即使噪音投资者在处理信息的过程中遵守了 Bayes 法则，处理信息正确，但是投资者可能在正确信息的基础上做出错误的投资决策，这是因为投资者在决策过程中违背了 Savage 效用法则。这就像人们基本都接受吸烟有害健康的信息，但是仍然做出继续吸烟这样错误的决策一样。

在这一领域，最著名的心理学证据是前景理论（prospect theory）。前景理论的一个基本发现是当人们面对获得的时候厌恶风险，但是在面临损失时偏好风险。例如，如果有两个选择，一个选择是肯定得到 1 000 元，另一个选择是有 50%的概率得到 2 000 元，50%的概率什么都得不到。这种情况下，人们往往倾向第一种选择，表明人们是风险规避的。但是，同一个人，

---

① 行为金融学研究的心理偏见类型很多，这里不一一列举，有兴趣的读者可以参见 Hirshleifer (2001)。

当给他另外两个选择，一个选择是肯定失去1 000元，另一个选择是有50%的概率失去2 000元，50%的概率什么也不失去。这种情况下，人们往往倾向第二种选择，表明同一个人又是风险偏好的。

如果一个人的偏好符合Savage效用法则，他的风险态度不应该发生变化。但是在现实中，人们的风险态度在面对获得和损失时却不一样。这就导致即使拥有了正确的信息，投资者还是可能在决策过程中发生错误定价。

我们以投资者对盈余的反应为例说明这个问题。盈余是个连续变量，盈余和价值之间的关系是渐变的，而不是突变的。①

图1—1是根据前景理论描绘的股票价格对盈余的反应程度。我们可以看出，面对同样额度的亏损和利润，投资者的反应很不一样。1分钱的利润带来的股票价格增长可能是2分钱，但是1分钱的亏损带来的股票价格的下跌可能是2角钱；虽然实际上1分钱的亏损带来的股票价值的下跌可能应该是对称的2分钱。差别的原因即来自于投资者对待获得和亏损时的态度不一样。投资者在决策过程中不仅考虑信息，而且受到个人好恶的影响，从而导致了错误定价。②

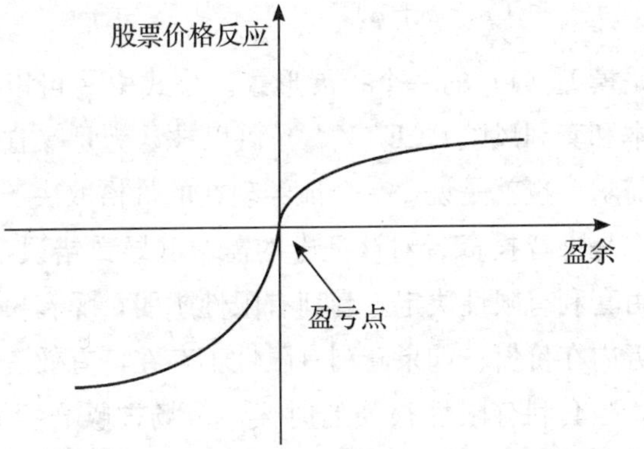

图1—1　股票价格对盈余的反应

行为金融学的研究方兴未艾，正处于朝气蓬勃的阶段，完整地回顾这部

① 如果把考试成绩当作学生能力的体现，那么我们很难说考59.9分的学生和考60.1分的学生在能力上有实质上的差别。

② 60.1分的学生及格，59.9分的学生不及格，甚至可能因此不能毕业，但从判断学生能力的角度来讲，这显然是一种非理性过度反应。

分研究是超出本书范围的。本书第6章回顾了若干文章，在这些文章中，作者们观测到的异象最符合心理学研究的预期，从而为行为金融学对证券市场效率的解释提供了一定的证据。

1.7 结　论

在有效资本市场学派和行为金融学派的交锋中，行为金融学派（含套利成本和套利风险研究，称为套利有限性研究）为我们理解证券价格的决定机制、理解价格对信息的反应过程提供了一个新的视角。股票价格不仅是由现金流折现决定的，而且受套利成本、套利风险和投资者情绪的影响。

Shiller（1984）提出了一个套利有限性理论和行为金融学理论框架下的证券价格决定模型。①

$$P_t = \sum_{k=0}^{\infty} \frac{E_t(D_{t+k}) + \phi E_t(Y_{t+k})}{(1+\rho+\phi)^{k+1}} \tag{2}$$

这个模型是模型（1）的一个扩展形式。公式中 ϕ 可以被认为是套利有限性（套利成本和套利风险），$E_t(Y_{t+k})$ 可以被认为是噪音投资者在未来期间对该证券的需求。也就是说，一个证券现在的价格取决于两个因素：一是其内在价值；二是噪音投资者对该证券的需求（导致错误定价）。这两个因素的相对权重由套利有限性决定。套利有限性越弱，噪音投资者的作用就越小，价格更接近内在价值；如果套利有限性不存在，有效资本市场理论就完全成立。但是，当套利有限性很强的时候，市场被噪音投资者占据主导地位。噪音投资者的需求导致错误定价，而套利有限性又使聪明的投资者不能够通过套利来消除错误定价，市场就出现了无效状态。

总结起来，本章为读者介绍了本书内容的基本框架。行为金融学为我们理解证券市场效率问题提供了一个异于有效资本市场假说的新视角、新途

① 这个模型只是类似的多个模型之一，这里引用这个模型是因为它是同类模型中比较简单的，但又能说明我们的问题。

径。两个学派的交锋是现在经济学、金融学、会计学研究中最热烈的领域之一。可以预见，更多、更有创新意义的学术研究成果将在这个领域发展出来。这个领域的研究不仅对学术界有重要的影响，对证券投资实业界也将有重大的影响。虽然我国证券市场起步晚、规模小，但是我们发展的速度很快。如何理解证券投资，对提高我国证券市场的效率，促进证券市场对经济的推动作用将产生深远的影响。

参考文献

姜国华. 基于会计信息的证券投资策略研究:分析与展望. 会计研究，2005 (11)：66-71

Banz，Rolf. 1981. The Relationship Between Return and Market Value of Common Stocks. *Journal of Financial Economics* 9：3-18

Barberis，N.，and R. Thaler. 2002. "A Survey of Behavioral Finance"，in *Handbook of the Economics of Finance*，Edition 1，Volume 1，chapter 18，pages 1053-1128，Elsevier

Basu，S.. 1983. The Relationship Between Earnings Yield，Market Value and Return for NYSE Common Stocks：Further Evidence. *Journal of Financial Economics* 12：129-156

Bernard，Victor L.，and Jacob K. Thomas. 1990. Evidence that Stock Prices Do Not Fully Reflect The Implications of Current Earnings for Future Earnings. *Journal of Accounting and Economics* 13：305-341

DeBondt，W.，and R. Thaler. 1985. Does the Stock Market Overreact? *Journal of Finance* 40：793-805

Fama，E.，French，K.. 1992. The Cross-section of Expected Stock Returns. *Journal of Finance* 47：427-466

Fama，E.，French，K.. 1993. Common Risk Factors in the Returns On Stocks and Bonds. *Journal of Financial Economics* 33：3-56

Fama，E.，French，K.. 1996. Multifactor Explanations of Asset Pricing Anomalies. *Journal of Finance* 51：55-84

Fama, Eugene F.. 1970. Efficient Capital Markets: A Review of Theory and Empirical Work. *Journal of Finance* 25: 383-417

Friedman, M.. 1953. "The Case for Flexible Exchange Rate", in *Essays in Positive Economics*, Chicago: University of Chicago Press

Grossman, Sanford, and Joseph Stiglitz. 1980. On the Impossibility of Informationally Efficient Markets. *American Economic Review* 90: 393-408

Hayek, F. A.. 1945. The Use of Knowledge in Society. *American Economic Review* 35: 519-530

Hirshleifer, David. 2001. Investor Psychology and Asset Pricing. *Journal of Finance* 56: 1533-1597

Jegadeesh, N. and S. Titman. 1993. Returns to Buying Winners and Selling Losers: Implications for Stock Market Efficiency. *Journal of Finance* 48: 65-91

Lesmond, David, and Michael Schill, and Chunsheng Zhou. 2004. The Illusionary Nature of Momentum Profits. *Journal of Financial Economics*, Volume: 71

Lee, Charles M. C.. 2001. "Market Efficiency and Accounting Research: a Discussion of "Capital Market Research in Accounting" by S. P. Kothari. *Journal of Accounting and Economics* 31: 233-253

Lee, Charles M. C. The Magic of Market. 中国会计评论，2003（1）

Penman, S. and X. Zhang. 2002. Accounting Conservatism, the Quality of Earnings, and Stock Returns. *The Accounting Review* 77: 237-264

Shiller, Robert J.. 1984. Stock Prices and Social Dynamics. *The Brookings Papers on Economic Activity* 2: 457-510

Shleifer, Anderi, and Robert W. Vishny. 1997. The Limits of Arbitrage. *Journal of Finance* 52: 35-55

Sloan, Richard. G.. 1996. Do Stock Prices Fully Reflect Information in Accruals and Cash Flows about Future Earnings? *The Accounting Review* 71: 289-315

第 2 章

有效资本市场假说

2.1 本章概述

本章介绍的是有效资本市场假说。用简单的话说，有效资本市场假说认为证券市场是充分有效率的，任何和股票内在价值相关的信息一旦披露给市场，投资者第一可以正确处理这些信息对价值的影响（信息处理过程符合 Bayes 法则），第二在正确处理信息的基础上做出合理的投资决策（投资者偏好符合 Savage 效用法则）。

同时，一旦一部分投资者（噪音投资者）违背了上述两个法则，造成错误定价，另一部分聪明的投资者在获利的动机下可以通过无成本、无风险的套利活动来反向交易，从而纠正错误定价，恢复市场有效性，而且这个过程是瞬间完成的。因此，在套利的“威胁”下，证券市场可以一直维持在有效率的状态。

本章选取了四篇文章来介绍有效资本市场理论的演变。Hayek (1945) 是有效资本市场假说的理论基础之一，其中 Hayek 论述了市场作为信息集合机制相对于中央计划的优势。市场通过其价格发现机制能够综合所有市场参与者的“现场知识”或“私有信息”，所以市场在分配经济资源上是最有效率的。Fama（1970）是最早系统地提出证券市场有效性问题，提出有效资本市场假说的文章，本章回顾的第二篇文章是 Fama（1991）。在 Fama（1970）以后，尤其是进入 20 世纪 80 年代以后，学术界出现了投资异象研究，对有效资本市场理论提出了挑战。Fama（1991）针对这些挑战重新阐述了有效资本市场理论，并重点分析了检验市场有效性研究中的问题，尤其是所谓的市场有效性和资本资产定价模型的联合检验问题。当我们观察到一个异象时，不能确定相应的超额投资回报是代表市场错误定价，还是资本资产定价模型中风险因素的缺失。即传统的资本资产定价模型（CAPM）可能没有完全衡量企业的系统风险，因此，超额回报是对没有测量的系统风险的补偿。

Fama 既然认为资本资产定价模型（CAPM）没有完全衡量到企业风险，要想有说服力，就必须提出新的资本资产定价模型衡量 CAPM 没有包含的风险。这就是我们从 Fama and French（1992）和 Fama and French（1993）看到的 Fama-French 三因素资本资产定价模型。这两篇文章通过实证方法，提出除了市场风险以外，市场规模和账面/市值比也是两个市场因素没有体现的风险因素。使用这个拓展的三因素资本资产定价模型后，很多之前发现的异象都消失了。这在一定程度上支持了 Fama-French 的说法。

Fama-French 三因素资本资产定价模型出现以后，证券投资研究再进行异象研究时，基本上要在控制了三因素以后有超额回报才叫“异象”，而不能像以前一样只控制 CAPM 市场风险。

但是，我们同时应该认识到，市场规模和账面/市值比风险因素是 Fama-French 用现实数据通过实证方法创造出来的风险因素，而不是像 CAPM 市场因素那样是在坚实的经济学理论上推导出来的。迄今我们也不理解为什么它们应该是风险因素。如果按照这种做法，每出现一个异象，比如应计盈余异象，我们都可以根据应计盈余用类似方法构建一个应计风险因素，来把这个异象本身消除掉。

总之，有效资本市场假说是近几十年来影响经济学、金融学、会计学研究的重要理论之一，至今还影响着学术研究和证券投资实务。它是我们理解证券市场的出发点。

2.2 知识在社会中的利用

Hayek, F. A.. 1945. The use of knowledge in society. *American Economic Review* 35: 519-530

有效资本市场理论是会计学和金融学研究的根本性基准问题（benchmark），对这一问题理解与看法的不同，影响了许多学者对现象的观察和对理论的解释，成为金融经济学研究的分水岭（Lee, C. M. C.，2003）。有效市场理论认为，市场是有效的，然而，根据斯蒂格利茨悖论（Grossman and J. Stiglitz，1980），如果所有人都认为市场是有效的，那么就没有人有动机去进行套利，从而市场也就无法有效了。因此 Lee（2003）指出，其实应该将有效市场理解为一个过程，而不是一个结果，也就是市场像海平面一样，时刻在努力寻找水平面，但永远无法达到静止的水平面。

但市场到底发挥了什么作用呢？或者如何发挥作用呢？或者更广泛地说，市场在社会中起到了什么作用呢？我们还是从新自由主义经济学的代表人物——奥地利裔英国经济学家 Friedrich Hayek 的思想出发，探讨市场是如何发挥作用的。Hayek（1945）通过阐述市场机制在利用知识方面的功用，说明了市场机制对于社会的重要性。该文尽管是一篇非技术性的文献，但具有很强的思想深度，它形象地说明了 Hayek 本人对市场机制的认识。

Hayek 提出，知识可分为两种：科学知识和关于特定时间、地点的变化知识，而后者是社会经济决策的主要问题，并只为熟悉这些具体情况的“在现场者”所了解。市场机制的根本作用在于，它可以帮助“在现场者”在自身掌握的具体知识和自身不掌握的具体知识之间架起一座桥梁，传递“在现场者”所需要的信息，以便其决策符合更大范围经济体系的整个变化模式。所以，市场机制（或价格体系）作为一种交流信息的机制，不但使劳动分工成为可能，而且也有可能在平均分配知识的基础之上协调地利用资源。这篇文献是自由主义经济学的代表性文献，同时是信息经济学的先驱文献之一，在经济学史上具有十分重要的地位。

这篇文章探讨的核心问题是，市场价值（价格体系）如何帮助人们利用知识来进行经济决策。首先，作者提出了两种知识的概念，并指出了两种知识的不同及其在经济决策中的作用，特别是关于时间和地点的现场知识的重要性。其次，作者认为，个体决策者只拥有很小一部分关于时间和地点的现场知识，但进行经济决策还需要使用他自身并不掌握的其他关于时间和地点的知识，而价格体系（市场机制）恰恰可以帮助他了解这些他不掌握的知识对其进行经济决策的影响。这正是价格体系的作用所在。

首先，作者指出，经济决策的知识分散于人们的头脑之中。因此社会经济问题不单是一个根据已知条件和信息进行最优化求解的数学运算问题，它更多的是如何确保将社会每个成员所知道的信息最优使用，并将其用于相对重要性仅仅为个人所知的目的。即社会经济问题是知识的利用问题，对于任何人来说，这些知识都不是完全给定的。

在有很多人合作的社会中，无论谁做计划，都必须以知识为基础，但这些知识最初可能并不为计划者所掌握。因此，这些知识必须以某种方式传递给计划者。那么应该以什么方式向人们传递其计划所依据的知识呢？或者，以什么方式可以使最初分散在不同人中间的知识得到最优利用呢？这是主要经济政策或有效经济体制设计的主要问题之一。一般而言，可以有以下几种方式：由一个权威为整个经济做计划，或者将计划分散给很多个人来做，或者介于二者之间。那么哪种方式最有效呢？是把最初分散在很多不同人中间的知识交给单一中央权威来处置；还是向个人传递一些额外知识，使人们能够做出相互协调的决策呢？

进一步，作者区分了两种知识。有些知识为恰当挑选的专家们所组成的权威机构占有（科学知识）；而另一种知识为具体情况下的个人掌握，即特定时间和地点的特殊情况的知识。特别是第二种知识，掌握该知识的每个人都比其他人有某种优势，因为他拥有特殊信息，这些信息只有在相关决策留给这个人做或得到这个人的积极配合，这些信息才能被合理利用。作者着重对第二种知识进行了讨论。Hayek 认为，这类知识“就其本质来说，无法统计，从而无法以统计表的形式传递给中央权威。要得到中央权威所需要的统计数字，必须略去事物之间的差异，把不同地点和质量的东西以某种方式汇总起来。如此，中央计划的基础是统计信息，而这些统计信息无法直接考虑时间和地点情况。所以，中央计划制定者将不得不找出某种办法，借助这些办法，把决策留给‘在现场者’”。因此必须把决策分散，因为只有这样，才能保证特殊情况的知识迅速得到利用。

其次，Hayek（1945）讨论了市场价值（价格体系）在利用知识帮助人们进行经济决策时的作用。因为，“在现场者”无法仅仅依据他直接的有限知识来做出决策，那么如何向他传递另外一些信息，使其决策符合整个经济系统的变化呢？Hayek（1945）指出，市场机制（价格体系）正是起到了这样的作用。在市场机制（价格体系）下，“价值”相等或“边际替代率”可以作为判断商品或要素的标准，从而将他并不掌握的其他信息通过价格的信号反映出来，以进行相关经济决策，而他却不需要其他额外信息的具体情况，仅仅知道价格信号就可以。即“重要的是他所关心的某种东西的相对重要性，使其相对重要性改变的原因并不是他所感兴趣的，也与他本人所处情况中的那些具体事情无关”。

Hayek（1945）认为，价格体系（市场价值）是“人类智力最伟大的成就”。它帮助人们扩大了资源利用的范围，使得人们可以利用不在自己头脑范围之内的知识；它可以诱导人们做值得做的事情而又无须告诉他们具体做什么。因此，价格体系最重要的特点是，其运转所需的知识很经济，就是说，参与这个体系的个人只需要掌握很少信息便能采取正确的行动。Hayek 进一步指出，正是有了市场机制，人们无须知道所有可能知识就可以进行经济决策，因为价格信号已经集成了他虽不掌握但是为决策所必需的知识。因此，以分知（divided knowledge）为基础，劳动分工（division of labor）和资源协调利用才成为可能。最后，Hayek（1945）回归了古典经济学的原点，并呼应了斯密的看法：价格机制的基本作用在于引导个人在追求其自身利益的同时增进社会利益。

这篇文章作为 Hayek 乃至自由主义经济学的代表性文献，反映了自由主义经济学的基本观点。Hayek 本人因为在货币理论与经济波动领域的先驱工作，以及对经济、社会与制度现象的相互依存的敏锐分析，于 1974 年获得诺贝尔经济学奖。20世纪80年代，由于苏联和东欧等集权经济体制国家经济的衰落，人们感叹Hayek在几十年前对市场机制的分析以及对传统计划经济体制的深刻批判所具有的深刻洞察力，这使得Hayek的声望达到了高峰。此外，这篇文章还提出了知识的分布问题。从文章中可以看出，这里的第二种知识，即关于特定时间和地点的特殊情况并只为“在现场者”所掌握的知识，已类似于现代信息经济学中的不对称信息的概念。由于“在现场者”掌握私有信息，因此由他进行相关决策是最优的，而其他人的私有信息可以通过价格体系得到反映。

Hayek（1945）关于市场机制的分析说明，市场机制通过价格信号完成对信息进行加总的过程，因此，从这个意义上来说，市场是一个“发现”的过程。从这个意义上我们可以理解股票定价。根据估值理论：

$$P_t = V_t = \sum_{i=1}^{\infty} \frac{E_t(D_{t+i} \mid \delta)}{(1+r)^i}$$

式中，$E_t(D_{t+i} \mid \delta)$是在t时期预期的未来第$t+i$期股利；r为折现率。上式表明，t时期的股票价格P_t等于预期的未来股利折现值V_t。股票价格P_t作为对信息的有效加总和集成，它是V_t的一个非常好的近似和估计。也就是说，市场作为信息传递机制，高效率、完整地综合了所有市场参与者所拥有的特定时期、特定情况下的现场知识。任何一个参与者虽然只拥有部分现场知识，但是通过观察股票价格就可以推断出其他参与者所拥有的现场知识中的价值相关部分。

总之，Hayek关于知识和市场机制作用的论述和深刻分析，揭示了价格体系所具有的加总和集成信息的作用。Hayek的思想对我们理解现代金融市场的运作以及资本市场的学术研究具有重要的启示作用。有效资本市场假说在发展过程中借鉴了Hayek的理论，但同时也存在着和Hayek理论不一致的地方。下一篇回顾文章将就这一问题做出讨论。

参考文献

Fama，E.. 1991. Efficient Capital Market：Ⅱ. *Journal of Finance* 46：

1575－1617

Hayek，F. A.. 1945. The Use of Knowledge in Society. *American Economic Review* 35：519－530

Lee，C. M. C. 2001. Market Efficiency and Accounting Research：a Discussion. *Journal of Accounting and Economics* 31：233－253

Lee，C. M. C. 2003. The Magic of Market. *China Accounting Review* 1：219－240

Grossman，S. and J. Stiglitz. 1980. On the Impossibility of Informationally Efficient Markets. *American Economic Review* 70：393－408

姜国华. 基于会计信息的证券投资策略研究：分析及展望. 会计研究，2005（4）：66－71

2.3 有效资本市场：Ⅱ

Fama，Eugene. 1991. Efficient capital markets：Ⅱ. *Journal of Finance* 46：1575－1617

有效资本市场理论是过去几十年中金融学对人类社会最重大的几个贡献之一。它不仅开辟了金融理论研究的新天地，而且对经济资源的配置起到了重要的指导作用（如指数基金的出现）。对于会计研究来说，有效资本市场理论是大量实证研究文章的理论基础。在会计研究中占重要地位的信息含量研究和价值相关性研究，都建立在有效资本市场理论的基础上。[①] 20 世纪 70 年代到 90 年代，有效资本市场和资本资产定价模型的研究取得了丰硕的成果。本文在回顾有效资本市场研究意义的同时，探讨二者未来的研究方向。

Fama（1970）发表的《有效资本市场：理论和实证研究回顾》，是有效资本市场假说（efficient market hypothesis，EMH）的经典之作。这篇文章对 70 年代以前有关有效资本市场的理论和实证研究作了系统的总结，并给

① 见姜国华（2005）。

出了普遍接受的有效市场的定义，即在 EMH 的市场上，价格总能够充分反映所有可得信息。Fama（1970）还根据信息集合的范围，把 EMH 的研究分为三类：弱式有效假设检验、半强式有效假设检验和强式有效假设检验，给出了一个研究有效资本市场的完整的理论框架。Fama（1991）在 Fama（1970）的基础上，归纳了 70 年代至 90 年代关于 EMH 方面的研究成果。指出由于信息和交易成本，尤其是联合假设问题的存在，关于市场有效性程度的精确推断仍然是不可能的，必须和资产定价的均衡模型联合检验。因此，研究发现回报行为异象，不能区分是市场无效还是错误的市场均衡模型引起的。本文不探讨信息及交易成本问题，重点展示价格随各种信息调整的研究，并从如何提高我们对证券回报的时间序列和横截面行为理解的角度对市场有效性文献进行评价。

为了更准确地阐述有效性假说，根据有效资本市场的主要研究领域，Fama（1991）对 Fama（1970）中关于 EMH 的研究分类作了如下调整：原来第一类的弱式检验主要研究过去回报的预测能力，本文则涵盖与回报可预测性检验相关的更广泛的领域，包括以股利率和利息率等变量预测回报。另外由于市场有效性和均衡定价的不可分离性，关于可预测性的讨论也包括回报的横截面预测，即检验资本资产定价模型和异象；第二类半强式有效检验更名为事件研究；第三类强式有效检验更名为私有信息检验。

在新的分类标准下，本文首先重点回顾了关于回报预测的研究文献。指出尽管关于回报可预测性检验的研究结果拒绝了过去普遍接受的市场有效下的期望回报模型，但新的结果仍然存在联合假设问题：即回报可预测性可能是期望回报（expected returns）随时间的合理变动，也可能是价格对基本价值的非理性偏离，或者是两者共同作用的结果。另外数据挖掘或者特定样本也可能导致这些结果。因此，即使我们否认回报可预测性的有效性意义，这些研究成果仍然丰富了我们对横截面和时间序列回报行为的理解。

在澄清回报可预测性研究意义的基础上，本文分别从时间序列（短期回报和长期回报）以及在市场有效性争论方面对以前探讨回报预测能力的文献加以回顾。类似于 Fama（1965）及 Fisher（1966）的结论，Lo and MacKinlay（1988）和 Conrad and Kaul（1988）对短期回报的可预测性研究发现，日回报和周回报均具有一阶自相关性，但是相关系数接近于零，经济意义上不显著。Shiller（1984）和 Summers（1986）开创了长期回报可预测性的先河，指出市场是高度无效的，股价中存在非理性泡沫，但短期回报检验无法识别。Fama and French（1988a）在 Shiller-Summers 模型的基础上，使用 1926—1985 年纽约证券交易所（NYSE）数据，研究 3 年或 5 年的回报，发现长期回报存在很强的负自相关，但使用 1941—1985 年的数据负相关性消失。因此他们指出在市场有效性的时间序列检验中，普遍存在的问题是，股价中的非理性泡沫和（理性地）随时间变动的期望回报是不可区分的。DeBondt and Thaler（1985，1987）试图使用 3～5 年极端输赢股票下一年的回报说明市场是无效的。但另一些文献指出上述结果是由于没有调整风险或者规模效应造成的（Chan，1988；Ball and Kothari，1989；Zarowin，1989）。

由于过去实现的回报是期望回报的噪音度量，寻找噪音较小的度量期望回报的变量可以提高回报可预测性的检验能力。一些文献发现股利价格比（D/P）、盈余价格比（E/P）及违约价差等变量可以预测短期和长期回报（Keim and Stambaugh，1986；Campbell and Shiller，1988b；Fama and French，1988b，1989），并且预测能力随回报期间增加而增加。期限价差和短期利率水平也可以预测超过一年的回报（Campbell，1987；Fama and French，1989；Chen，1991）。检验这些变量的回报预测能力能更加可靠地描绘出期望回报随时间的变化，但这些变量对回报的可预测性本身不能支持或者反对市场有效性。本文认为我们应该深入探求随时间变动的期望回报和商业环境之间的联系，同时检验它们之间的关系是否符合常识及资本资产定价模型的预测。尽管波动性检验和股票回报的季节性问题是证实期望回报随时间变化的另一个有用的方法，但由于联合假设问题的存在，也不能说明市场是否有效。

由于市场有效性和均衡定价的不可分离性，关于可预测性的讨论应该包括回报的横截面预测，即检验资本资产定价模型和异象。本文重点回顾了 70 年代后关于资本资产定价模型的实证研究。在 Sharpe-Linter-Black（SLB）模型中，使用单因子市场 β 描述横截面期望回报，SLB 模型在被拒绝的同时，加强了我们对资产定价的理解。Merton（1973）和 Ross（1976）的多因子模型对SLB加以扩展，Chen et al.（1986）使用因子分析技术发现，商业环境变量中工业生产增长指数及长期公司债券和长期政府公债回报之差的解释能力最强。但多因子定价模型的稳定性有待检验，特别是样本区间外检验。

Rubinstein（1976），Lucas（1978）及Breeden（1979）等提出的基于消费的定价模型是所有跨期资产定价模型中最好的模型，给出了大量检验回报的时间序列和横截面性质的预测。但Mankiw and Shapiro（1986）和Chen et al.（1986）的检验结果表明，基于消费的定价模型并不能取代SLB模型和多因子模型。尽管大量文献表明多因子模型优于SLB模型和基于消费的定价模型（Chan et al.，1985；Chen et al.，1986；Chan and Chen，1991），三种资本资产定价模型并不相互排斥。正如Constantinides（1989）所言，模型是资产定价意义上形成关于风险偏好和组合机会一般假设的不同方法。只要模型对横截面期望回报的主要预测具有实证意义，在牢记模型不足的基础上，我们可以根据研究目标自由选择模型。

由于联合假设问题的存在，回报预测并不能真正说明市场是否有效。事件研究使用日回报数据，可以精确地研究价格对新信息的调整，资产定价问题成为次要因素。因此，事件研究给出了支持市场是否有效的最直接证据。本文主要回顾了公司财务中的事件研究文献，这些文献的研究结论表明，股价对关于投资决策、股利变化、资本结构变化及公司控制权转移的信息反应迅速，即股价能及时有效地对公司特定信息做出调整（Mandelker，1974；Dodd and Ruback，1977；Charest，1978；Ahrony and Swary，1980；Bradley，1980；Dodd，1980；Dann，1981；Vermaelen，1981；Asquith，1983；Asquith and Mullins，1983，1986；Dodd and Warner，1983；Masulis and Korwar，1986；Kaplan，1989）。事件研究方法在广泛应用于金融研究的同时，应扩展其在会计、宏观经济及产业组织领域的应用。

本文最后回顾了关于私有信息的检验。内部人可以利用拥有的私有信息获利（Jaffe，1974），外部人从内幕交易的公开信息中不能获利（Seyhun，1986）。价值线（value line）和某些分析师一旦披露他们拥有的私有信息，会引起微小的但统计上可靠的价格调整（Lloyd-Davies and Canes，1978；Stickel，1985；Liu et al.，1990）。这些研究结论与Grossman and Stigilitz

(1980) 提出的竞争均衡的噪音期望模型一致。说明市场不是完全有效的，但所有投资者行为在一定程度上仍然是理性的。由于联合假设问题的存在，关于职业投资经理人（互助基金和养老基金）是否拥有私有信息的研究结论是不确定的（Brinson et al.，1986；Ippolito，1989；Elton et al.，1991），利用职业投资经理人的业绩评估检验推断市场是否有效不能保证结论的可靠性。

这篇文章较全面地回顾了20世纪70年代以后近20年关于有效资本市场研究的文献，重点探讨关于回报预测的研究文献，为我们提供了理解有效资本市场的清晰完整的框架。文章最后提出了两个未来的研究方向，建立期望回报的横截面性质和时间序列变动之间的联系，以更加详细的方式展示期望回报行为和实体经济之间的关系，为未来市场有效性研究指明了方向。

20世纪90年代以来，行为金融学的快速发展对市场有效性提出了挑战。行为金融学认为市场上存在聪明的投资者和噪音投资者，噪音投资者经常非理性地进行交易，造成错误定价。行为金融学从套利局限性和心理学角度解释了有效资本市场研究中的异象。Shiller (1984) 提出了一个套利有限性理论和行为金融学理论框架下的证券价格决定模型，这个模型十分简洁地总结了套利成本和套利局限性对证券定价的影响，为我们进行提高资本市场有效性研究指明了方向。正如 Lee (2001) 中做的一个比喻，因为套利行为的存在就认为市场是完全有效的，就像因为地球引力的存在就相信海面是平的一样。遗憾的是，海面并不是平的，有海浪、海潮。更为合适的表述应该是股票的价格在任何时候都在努力寻找着内在价值，但是在任何时候，各种各样的信息都在冲击着价格，使其偏离内在价值。有效资本市场是一个过程，而不是一个目的。所以，我们的研究应该把重点放在什么时候、什么情况下、为什么价格会回归（或不回归）内在价值，而不是直接假设价格等于价值。

从这个方面来讲，有效资本市场理论和 Hayek (1945) 的理论有不一致的地方。有效资本市场假说借鉴了 Hayek (1945) 关于市场机制在综合所有市场参与者"现场信息"过程中的作用，所以提出了价格等于价值的有效市场理论。但是，他们忽略了 Hayek (1945) 所内含的关于市场是一个动态过程，而不是一个静止状态的理论。Hayek (1945) 认为市场及价格机制是一个过程，并不排除价格和价值在一定情况下发生偏离。价格是围绕价值波动的，它努力向价值靠拢，但是其他力量不断导致价格与价值偏离。而这个动态过程恰恰是市场的魅力。有效资本市场假说和 Hayek（1945）的这一区别正是以后行为金融学崛起的理论渊源。

参考文献

Ball, Rall. , and S. P. Kothari. 1989. Nonstationary Expected Returns: Implications for Tests of Market Efficiency and Serial Correlation in Returns. *Journal of Financial Economics* 25: 51-74

Breeden, Douglas T.. 1979. An Intertemporal Asset Pricing Model with Stochastic Consumption and Investment Opportunities. *Journal of Financial Economics* 7: 265-296

Chen, Nai-fu. , Richard Roll, and Stephen A. Ross. 1986. Economic Forces and the Stock Market. *Journal of Business* 56: 383-403

Fama, Eugene F.. 1965. The Behavior of Stock Market Prices. *Journal of Business* 38: 34-105

Fama, Eugene F.. 1970. Efficient Capital Markets: A Review of Theory and Empirical Work. *Journal of Finance* 25: 383-417

Fama, Eugene F and Kenneth R. French. 1989. Business Conditions and Expected Returns on Stocks and Bonds. *Journal of Financial Economics* 25, 23-49

Keim, Donald B. , and Robert F, Stambaugh. 1986. Predicting Returns in the Stock and Bond Markets. *Journal of Financial Economics* 17: 357-390

Lee, Charles M. C.. 2001. Market Efficiency and Accounting Research: a Discussion of 'Capital Market Research in Accounting' by S. P. Kothari. *Journal of Accounting and Economics* 31: 233-253

Liu, Pu, Stanley D, Smith, and Azmat A, Syed. 1990. Security Price Reaction to the Wall Street Journal's Securities Recommendations. *Journal of Financial and Quantitative Analysis* 25: 399-410

Lo, Andrew W, and A. Craig MacKinlay. 1988. Stock Market Prices Do Not Follow Random Walks: Evidence from a Simple Specification Test. *Review of Financial Studies* 1: 41-66

Lucas, Robert E.. 1978. Asset Prices in an Exchange Economy. *Econometrica* 46: 1429-1445

Mankiw, N, Gregory and Matthew D, Shapiro. 1986. Risk and Return: Consumption Beta Yersus Market Beta. *Review and Economics and Statistics* 48: 452-459

Merton, Robert C.. 1973. An intertemporal Capital Asset Pricing Model. *Econometrica* 41: 867-887

Ross, Stephen A.. 1976. The Arbitrage Theory of Capital Asset Pricing. *Journal of Economic Theory* 13: 341-360

Rubinstein, Mark. 1976. The Valuation of Uncertain Income Streams and the Pricing of Options. *Bell Journal of Economics and Management Science* 7: 407-425

Shiller, Robert J.. 1984. Stock Prices and Social Dynamics. *The Brookings Papers on Economic Activity* 2: 457-510

Summers, Lawrence H.. 1986. Does the Stock Market Rationally Reflect Fundamental Values? *Journal of Finance* 41: 591-60

姜国华. 基于会计信息的证券投资策略研究：分析及展望. 会计研究, 2005 (11): 66-71

2.4 期望股票回报的横截面分析

Fama, E., French, K.. 1992. The cross-section of expected stock returns. *Journal of Finance* 47: 427-466

Fama and French (1992) 的这篇文章在金融和会计领域非常有名。它发现影响股票回报因素除风险系数β外，市场规模 SIZE 和账面市值比 BE/ME

都显著解释了股票回报变动现象。股票回报变动中 CAPM 难以解释的现象被称为异象。Fama 和 French 这篇文章从风险角度，即从资产理性定价的角度出发解释了异象，肯定了有效市场假说。他们认为异象之所以出现是由于 CAPM 被错误地设定了，它忽略了其他必要的风险因素。这篇文章从实证数据中总结规律，构建两个风险因素，这两个新的风险因素虽然没有理论的支持，但是在实证中可以解释股票的预期回报。

换句话说，股票回报受到多个风险因素的影响（包括市场风险、账面市值比风险和规模风险）。但是传统的 CAPM 资本资产定价模型只抓住了其中一个风险因素，即市场风险。这样，一些投资策略在控制了市场风险以后，出现了系统性的超额回报（即异象）。不相信有效资本市场假说的人认为这样的异象是否定市场充分有效的证据，但是相信市场充分有效的人，例如 Fama 和 French 教授，则认为这些异象的出现是由于 CAPM 资本资产定价模型没有抓住所有的风险因素，所以异象得到的超额回报实际上还是风险回报，只不过需要我们去确认这些缺失的风险因素是什么。本文（和下一篇回顾的文章）是 Fama 和 French 教授在确认缺失风险因素方面所做的努力。他们认为，一旦确认并控制了缺失风险因素，以前发现的绝大多数异象基本不存在了，即没有投资策略可以取得超额回报，从而反驳了异象的出现对有效资本市场假说的挑战。

以市场风险解释股价回报差异的研究，早期是以研究平均回报与风险关系的 Sharpe（1964），Lintner（1965），Black（1972）等提出了 Sharpe-Lintner-Black（SLB）模型。这个模型假设市场组合已达到 Markowitz（1959）所主张的均值—方差有效性（mean-variance efficiency frontier），即证券的预期回报是市场 β 系数的正向线性函数，且市场 β 系数足以解释横截面股票预期回报。也就是说，证券的平均回报是由其对市场组合回报的敏感性生成的。它只与证券的系统风险有关。这个单因素模型还告诉我们，由于市场组合的回报是不可测的，因而证券的回报也是不可测的，这是有效市场假说的一个核心观点。

20 世纪 80 年代以来，对 SLB 模型的冲突不断出现，学者们已经鉴定了许多平均股票回报异象，例如，DeBondt and Thaler（1985）发现了长期回报的反转异象，Jegadeesh and Titman（1993）发现了短期回报趋于持续异象，因为这些平均股票回报异象没有被 SLB 模型解释。后续的大量实证研究发现许多资本资产模型的异象。这些异象包括规模效应异象、账面市值比异象等。另外相关研究也发现股利回报率（dividend yield）、负债率（leverage）等也能对股票回报具有解释力。因此，资本资产定价模型（CAPM）对于股价回报的解释力开始引起不少研究者的质疑。异象的存在和不断发现不仅是对 SLB 的冲突，而且是对 EMH 的冲突，它们说明过去的价格以及一些财务变量对回报具有解释的预测作用。

Fama and French（1992）首先也发现单独使用 β 系数或者 β 系数与其他变量结合使用时，β 系数与股票回报的关系皆很弱。然而市场规模、账面市值比、负债率等变量单独使用也能解释股价回报。更重要的是，这些变量联合使用时，市场规模与账面市值比对于回报仍具有显著的解释能力且可吸纳盈余价格比（earnings-to-price ratio）与负债率（leverage）所能解释的股票回报。因此，这篇文章包含的以市场因素、公司市场规模因素、账面市值比因素为内容的新的资本资产定价模型成为 Fama and French 模型或称三因素模型。该模型是目前最为金融、会计学者所接受的股票回报决定模型。

这篇文章的核心研究问题就是探讨 β 系数、市场规模、账面市值比、负债率、本益比等回报决定因素在 1963—1990 年美国股市中所扮演的角色，结果发现单独使用 β 系数或 β 系数与其他变量结合起来，β 系数与股票回报的关系都很弱，且 β 系数与平均回报之间的关系在 1950 年后消失。简言之，市场规模、账面市值比、负债率等变量单独使用都可以解释横截面股票的平均回报。这些变量如联合使用，则规模和账面市值比对于股票回报仍具有显著的解释能力，且可吸纳其他变量所能捕捉到的股票风险。

从实证方面，首先，数据上，这篇文章以 1963—1990 年所有在 NYSE，AMEX 和 NASDAQ 上市的股票为样本。为了确保解释股票回报的会计指标能够在实施投资策略时（t 年 7 月初）获得，文章采用 $t-1$ 年财务年度会计数据与从 t 年 7 月到 $t+1$ 年 6 月期间的股票回报相匹配。一方面，本文采用 CRSP 股票价格数据库中 $t-1$ 年 12 月份市值计算账面市场值、杠杆比和盈余价格比，同时用 t 年 6 月份的市值计算公司规模。另外，对于研究时点前的β，文章选择t年7月份之前60个月中至少24个月的月度回报去估计。另一方面，会计数据从COMPUSTAT数据库中选取$t-1$年财务年度的账面资产、账面权益资本和盈余数据。

其次，研究方法大体分两个部分。(1) 考察分离了市场规模影响后β是否还会影响股票回报；(2) 考察账面市值比和市场规模两个因素是否可以涵盖盈余价格比和杠杆比对股票回报的影响。

研究方法的第一部分，文章采用Fama and MacBeth (1973) 横截面回归方法估计市场β。具体来说，每年6月底先按照规模把股票分为10组，然后再按照研究时点前的β把同一规模组内的股票分为10组，这样就得到100个规模—β组合。此后，计算这100个组合后12个月的等权重月度股票回报，然后得到这100个组合从1963年7月到1990年12月的研究时点后的月度回报。最后估计β的时候，以这100个组合的每个组合为单位，采用研究时点后月度回报全样本的Fama and MacBeth横截面回归得到β。这里β具有两个特征：(1) 同一规模组合中，研究时点后β大小排序接近研究时点前β顺序，因此可以认为研究时点前β分组体现了真实研究时点后β的大小顺序。(2) 按照β分组不同于按照规模分组。任何按照规模分组的每一小组平均规模相似于按照β分组的每一组规模。因而得到的研究时点后β与规模无关，从而分离了市场规模和β分别对股票回报的影响。

另外，第一部分为了进一步考察β与规模分离后，没有包含规模因素的β是否还会影响股票回报，文章设计两个方法，其一为非正式检验，其二为Fama and MacBeth回归。非正式检验主要包括，先只按规模分组，发现分组后股票回报和β存在正相关，这个结论似乎支持了Sharpe-Lintner-Black (SLB) 的预测，但是这其中却忽略了规模和按照规模分组后β之间的相关问题。而后按照研究时点前β分组，未发现β与平均回报之间存在显著关系。这就说明控制了规模因素后，β与股票回报不存在显著相关关系。同样，在Fama and MacBeth回归中，规模与回报具有显著相关关系，而β与回报在统计上未发现显著相关关系。

研究方法的第二部分，针对杠杆比，文章选择两个比率来衡量杠杆比，其中一个为账面杠杆比A/BE，另外一个为市场杠杆比A/ME。而账面市值比 BE/ME 经过对数变形可表示为 ln(BE/ME)＝ln(A/ME)－ln(A/BE)，账面市值比与杠杆比这种紧密的联系表明存在两种等价的方式解释账面市值比对股票回报的影响。一种解释是，高的账面市值比表明市场判断其未来前景差。另一种解释是，高的账面市值比表明公司市场杠杆比相对于账面杠杆比高。另外，针对盈余价格比，文章通过在 Fama and MacBeth 回归中引入规模和账面市值比因素，发现它们消除了盈余价格比对回报的影响。

最后，在研究结论部分，这篇文章主要有三个结论：第一，分离了规模因素后的 β 与股票回报未发现可靠相关关系；第二，账面市值比很好地涵盖了市场杠杆比和账面杠杆比对回报的影响；第三，规模和账面市值比两个因素吸收了盈余价格比对回报的影响。具体来说，文章发现一个证券组合超过无风险利率的预期回报 $[E(R_i)-R_f]$，由它的回报对三因素的敏感性解释，（ⅰ）一个广泛市场组合的超额回报（R_m-R_f）；（ⅱ）一个小股票组合的回报和一个大股票组合回报之间的差（SMB）；（ⅲ）一个高账面市场价值比组合的回报与低账面市场价值比组合的回报之间的差（HML）。具体而言，组合 i 的预期回报是：

$$E(R_i)-R_f=b_i^*[E(R_m)-R_f]+s_i^*E(\text{SMB})+h_i^*E(\text{HML})+\varepsilon$$

这个模型表明，股票的风险是多维的，不仅有 CAPM 模型的市场风险，而且有与 ME 和 BE/ME 相关的未探明的风险因素。文章发现，ME 和 BE/ME 吸收了杠杆比、E/P、C/P 等作用，由 BE/ME 所捕捉的风险可能是一种相对危机因素，他们把公司的回报前景与回报的一个风险因素联系起来作为假设前提，市场判断前景差的公司（这种信息由低股票价格和高 BE/ME 传递）比有好的前景的公司有较高的预期回报。实证研究显示，有持续低回报的差公司一般有高的 BE/ME 并且 HML 的斜率为正，有持续高回报的好公司有低的 BE/ME 并且 HML 的斜率为负，因此使用 HML 来解释回报与这种假设是一致的，这说明相对回报前景是一种共同的风险因素来源，它可能解释了 BE/ME 与平均回报之间的正相关，类似地，控制账面市值比率后，小公司一般有较低的资产回报，这说明与规模相联系的一种共同风险因素可能解释了规模和平均回报之间的负相关。

本文的研究设计是非常值得称道的。尤其是对于如何通过分组分离两个相关程度很高的指标的方法是十分值得我们学习和借鉴的。另外，这篇文章提出的三因素模型考察股票回报目前得到了理论界和实务界的广泛采用，所以掌握巧妙的研究设计和严谨的研究思维是十分重要的。但是文章中也存在一些局限性。文章只适用于股票回报的考察，对于国库券和债券等没有提及。另外，除三因素外，是否存在其他因素可以用来解释股票回报的变动需要进一步探讨。最后，文章是在有效市场假说下进行讨论的，如果市场并非有效，存在过度反应等情况，那么这三个因素是否可以解释回报现象还有待考量。

我们将在下一篇回顾中结合对本文的回顾深入探讨 Fama and French 三因素模型的贡献和不足。

参考文献

Black，Fischer. 1972. Capital Market Equilibrium with Restricted Borrowing. *Journal of Business* 45：444-455

Fama，and James MacBeth. 1973. Risk ，Return and Equilibrium：Empirical Tests. *Journal of Political Economy* 81：607-636

Lintner，John. 1965. The Valuation of Risk Assets and the Selection of Risky Investments in Stock Portfolios and Capital Budgets. *Review of Economics and Statistics* 47：13-37

Sharpe，William F.. 1964. Capital Asset Prices：a Theory of Market Equilibrium Under Conditions of Risk. *Journal of Finance* 19：425-442

林江亮，官月缎. 会计变数、市场变数与股价报酬间关系之研究——Easton 模式与 Fama and French 模式之比较. 会计理论与实务研讨会，2001（4）

肖军，徐信忠. 中国股市价值反转投资策略有效性实证研究. 经济研究，2004（4）

2.5　股票和债券回报中的共同风险因素

Fama, E., French, K.. 1993. Common risk factors in the returns on stocks and bonds. *Journal of Financial Economics* 33: 3-56

20 世纪 80 年代以来，建立在有效市场假说基础上的资本资产定价理论日益受到来自实证的挑战。包括规模效应、账面市值比效应、日历效应、收益率反转行为等在内的证券市场异象的发现，为金融资产定价领域带来了一系列变革。从所有信息都将在价格上得到充分反映的基点出发，有效市场理论认为资产回报率的差异反映了依附于不同资产的风险存在差别，较高的风险承担必然意味着较高的回报率补偿。

在理性定价的框架下，Fama and French（1993）找到了股票和债券回报中相关的五个风险因素。其中三个有关股票市场的风险因素为市场因素、市场规模和账面市值比；两个与债券市场有关的风险因素为利率期限结构和违约风险。股票回报变化来自于股票市场风险因素，并且通过债券市场的两个风险因素与债券回报相联系。除了低等级的公司债券外，债券市场的两个风险因素解释了债券回报的变动。更重要的是，这五个风险因素似乎解释了股票和债券的平均回报。这篇文章秉承了回报是对风险补偿的思想，从资产理性定价的角度出发，运用实证数据发现股票和债券回报变动都可以由相关的风险因素解释，从而肯定了有效市场假说，加深了对市场有效性的认识。当市场出现异象的时候，我们可以通过找到引起异象的原因，构造新的风险因素，把异象带来的回报调整掉，从而找到影响股票和债券回报遗漏的风险因素，证实股票市场的有效性。

自从 Sharpe（1964），Lintner（1965）和 Black（1972）建立线性资产定价模型即 CAPM（又称 SLB 模型）以来，作为金融界最重要的理论基石之一，几十年来经历了无数的实证检验。实证研究发现了与 CAPM 理论相左的现象，市场存在异常回报。Fama and French（1992）发现单独使用或者与其他变量联合使用 CAPM 中的 β 都很难解释平均回报率。同时，规模和账面市值比这两个来自于实证得到的变量很好地解释了横截面平均股票回报。

Fama and French（1993）这篇文章主要从三个方面拓展了 Fama and French（1992）对于资产定价模型的检验。第一，研究对象从股票回报拓展到股票和债券的回报。所以，这篇文章检验的是美国政府和公司债券以及股票的回报。第二，这篇文章拓展了回报的解释变量，把规模和账面市值比两个风险因素增加为五个风险因素。文章重点考察影响股票回报的三个因素是否有助于解释债券回报，同样，影响债券回报的两个因素是否有助于解释股票回报。第三，最重要的，这篇文章的研究方法不同于 Fama and French（1992）。Fama and French（1992）采用 Fama and MacBeth（1973）横截面回归的方法。这篇文章采用 Black，Jensen，and Scholes（1972）时间序列回归的方法。具体来说，股票和债券的月度超额回报（月度股票或者债券回报减去一个月期的国库券利率）为被解释变量；解释变量为股票市场组合的回报，按照规模和账面市值比构造的模拟组合回报，利率期限结构和违约风险因素。

文章结论主要包括：第一，对于股票回报来说，与 Fama and French（1992）的研究结果一致，规模和账面市值比解释了平均股票回报差异。但是这两个因素单独却无法解释平均回报与一个月期国库券利率的差异。而这部分差异可以由市场因素解释。第二，对于债券来说，利率期限结构和违约风险两个风险因素解释了债券回报差异。第三，对于整个市场来说，股票回报是通过影响债券市场的两个因素（利率期限结构和违约风险）与债券回报相联系的。也就是说，利率期限结构和违约风险这两个因素是影响股票回报和债券回报的共同风险因素。

研究设计方面，Fama and French（1993）对于股票与证券回报中的风险因素进行了完整描述。账面价值与市值比较高的股票称为价值股，而账面价值与市值比较低的股票则称为增长股。Fama 和 French 发现，小股票和价值股的平均回报率都较高，而大股票和增长股的平均回报率都较低，即使经过 β 系数调整后也是如此。为了解释这个现象，Fama and French（1993）提出了由市场回报率、小股票回报率减大股票回报率（SMB）和高账面价值与市值比股票回报率减低账面价值与市值比股票回报率（HML）的三因素模型，取得了很大的成功。Fama and French（1993）三因素模型中通过公司规模（价格×发行股票的数量），以及 B/M 所构造的 6 个组合来建立 SMB 和 HML。

2.5.1 组合构造中相关变量的定义和计算

第一，规模（Size）和账面市值比（B/M）的定义：采用 t 年度 6 月底的市值来度量 t 年度公司规模（Size）的大小。账面市值比（B/M）的度量采用（$t-1$）年财务年度的账面值与（$t-1$）年 12 月市值比来度量 t 年度账面市值比（B/M）的高低。

第二，6 个组合超常回报的计算。从 1963—1991 年，在每年 6 月底，我们将样本股票按照公司规模（Size）的大小和权益账面价值比（B/M）的高低构建 6 个组合回报，其中，按 Size 的大小把样本均分为大规模（B）、小规模（S）两组，并按照 B/M 的高低将 B/M 值在 30%以下、中间 40%、后 30%的样本股票分别归属于成长股（L）、中性股（M）和价值股（H）三组，两者交叉分组形成 6 个组合，即小规模成长股和大规模成长股（SL and BL），小规模中性股和大规模中性股（SM and BM），以及小规模价值股和大规模价值股（SH and BH）。然后再计算每个组合从 t 年 7 月到 $t+1$ 年 6 月的价值加权（以每只股票的市值占所在组合股票总市值的比例为个股权重）的月回报（R），最后用（$R-R_f$）代表组合的超常回报，其中，R_f 为一个月期国库券利率。

第三，25 个组合超常回报的计算。从 1963—1991 年，在每年 6 月底，我们将样本股票分别按照 Size 的大小和 B/M 的高低进行 5 等分，两两交叉分组形成 25 个组合回报，同样计算每个组合从 t 年 7 月到 $t+1$ 年 6 月的价值加权（以每只股票的市值占所在组合股票总市值的比例为个股权重）的月回报（R），最后用（$R-R_f$）代表组合的超常回报，其中，R_f 为一个月国库券利率。

2.5.2 研究方法

文章采用时间序列回归方法：

债券回报二因素回归方程如下：

$$R(t)-\mathrm{RF}(t)=\alpha+m\mathrm{TERM}(t)+d\mathrm{DEF}(t)+e(t) \tag{1}$$

股票回报三因素回归方程如下：

$$R(t)-\mathrm{RF}(t)=a+b(\mathrm{RM}(t)-\mathrm{RF}(t))+s\mathrm{SMB}(t)+h\mathrm{HML}(t)+e(t) \tag{2}$$

债券和股票回报五因素回归方程如下：

$$R(t)-\mathrm{RF}(t)=a+b(\mathrm{RM}(t)-\mathrm{RF}(t))+s\mathrm{SMB}(t)+h\mathrm{HML}(t)+m\mathrm{TERM}(t)+d\mathrm{DEF}(t)+e(t) \tag{3}$$

式中，SMB 表示市场规模小公司组合和市场规模大公司组合之间的回报差额，这些企业的 B/M 是连续的；HML 则表示高 B/M 公司组合和低 B/M 公司组合之间的回报差额，而其市场规模是连续的。因此回归系数 s 和 h 表示股票预期回报对市场规模因素和账面价值市值比因素的敏感程度，和用 b 衡量对市场风险的敏感程度是一样的道理。

通过以上模型的实证检验，本文发现股票回报变化来自于股票市场风险因素、市场规模因素和账面价值市值比因素，并且通过债券市场的两个风险因素与债券回报相联系。除了低等级的公司债券外，债券市场的两个风险因素解释了债券回报的变动。更重要的是，这五个风险因素似乎解释了股票和债券的平均回报。

Fama and French（1992）和 Fama and French（1993）一起利用实证研究方法，确认了 CAPM 模型市场风险因素以外的另外两个风险因素：市场规模因素和账面市值比因素。这三个因素一起可以很好地解释股票的预期回报。在引入这两个新的因素以后，之前文献中发现的投资异象大部分已经不成为异象。换句话说，当我们只认为投资风险是由市场风险构成的时候，利用公司市场规模、账面市值比等变量可以构建投资组合，取得超过市场风险回报的超额回报，从而发现了和有效资本市场假说不一致的异象。异象的发现者也据此对有效资本市场假说提出挑战。

为了维护有效资本市场假说的地位，Fama and French (1992) 和 Fama and French (1993) 首先承认了 SLB 资本资产定价模型缺乏对预期回报的解释力的现实，但是他们并不因此认为异象可以推翻有效资本市场假说，而是认为 SLB 资本资产定价模型没有完全包含股票所承担的风险因素。Fama and French (1992) 和 Fama and French (1993) 对 SLB 资本资产定价模型进行了实证推广，包括了市场规模因素和账面市值比因素两个新的风险因素，并证明三因素模型可以很好地解释股票预期回报，消除了异象，并据此回击了对有效资本市场假说的攻击。

遗憾的是，SLB 资本资产定价模型是基于坚实的经济学理论基础推导出来的模型，但是三因素模型是基于过去数据建立的实证经验。因此，三因素模型缺乏理论的基础和对现实的指导意义。例如，我们迄今还不知道到底市场规模因素和账面市值比因素代表风险的来源是什么，它们为什么能够预测股票回报等一个新的资本资产定价模型需要回答的基本问题。事实上，如果按照这个逻辑，即使市场不是充分有效的，我们也永远不可能证明。因为任何新的异象的出现都可以被新的以实证为基础的风险因素解释掉。例如，当一些文章发现股票价格波动性和未来回报负相关时（例如 Jiang, Lee and Zhang, 2005), Ang et al. (2006) 构建了一个波动性风险因素，可以解释波动性和股票回报之间的关系。

即便三因素模型有这样的重大缺陷，但自此以后，异象研究基本上接受了三因素模型。一个投资策略如果要证明有超额回报，不能再像以前一样只调整市场风险，而要一起调整三因素。只有经过三因素调整后还有超额回报，才可以成为异象。

参考文献

Jensen, Michael, and Myron Scholes. 1972. *The Capital Asset Pricing Model: Some Empirical Tests*

Fama, Eugene F. and Kenneth R. French. 1992a. The Cross-section of

Expected Stock Returns. *Journal of Finance* 47：427－465

Fama，Eugene F. and Kenneth R. French. 1992b. *The Economic Fundamentals of Size and Book-to-market Equity*. Working Paper（Graduate School of Business，University of Chicago. Chicago，IL）

Fama，Eugene F. and James MacBeth. 1973. Risk，Return and Equilibrium：Empirical Tests. *Journal of Political Economy* 81：607－636

Lintner，John. 1965. The Valuation of Risk Assets and the Selection of Risky Investments in Stock Portfolios and Capital Budgets. *Review of Economics and Statistics* 47：13－37

Sharpe，William F.. 1964. Capital Asset Prices：A Theory of Market Equilibrium Under Conditions of Risk. *Journal of Finance* 19：425－442

附录　中国证券市场 Fama-French 三因素计算过程说明

饶品贵　祝继高　叶　昕　姜国华

一、数据来源

1. 年度财务数据

财务数据来源于 CSMAR 财务年报数据库。数据区间：资产负债表自 1990 年起，利润及利润分配表自 1990 年起，财务状况变动表自 1992 年起，现金流量表自 1998 年起，资产减值准备表自 2001 年起。

2. 股票月回报数据

股票月回报数据来源于 CSMAR 中国证券市场交易数据库。数据区间：上海 A 股自 1990 年 12 月 19 日起，深圳 A 股自 1991 年 7 月 3 日起。

3. 无风险利率

无风险利率为中国人民银行公布的人民币 3 个月期整存整取利率。

二、数据处理过程①

1. 财务数据剔除 B 股数据，只保留年末数（Sgnyea＝ 'B'）②，然后按公司和年度将资产负债表、利润及利润分配表和现金流量表合并。

股票月回报数据剔除 B 股数据，并将所有特殊值替换为缺失值，然后按月份和市场类型将月个股回报、月市场回报和综合月市场回报进行合并。

2. 以个股第 $t-1$ 年 12 月 31 日的权益账面价值与市场价值的比值（book-to-market ratio，BM）和第 t 年 4 月 30 日的市场价值（Size）为依据，对第 t 年 5 月至第 $t+1$ 年 4 月期间内的公司观测进行分组。

分组方法如下：（1）按 Size 大小平均分为两组：Small 组和 Big 组；（2）按BM 从小到大分三组：Value 组（前 30%）、Neutral 组（中间 40%）和 Growth 组（后 30%）。依据 Size 和 BM，共形成 6 个组：Small Value 组、Small Neutral 组、Small Growth 组、Big Value 组、Big Neutral 组和 Big Growth 组。

个股的市场价值是指月个股总市值（Msmvttl），权益账面价值是指股东权益合计（A300000）。若 BM 和 Size 为缺失值或负值，则予以删除。

3. 以个股第 t 年 4 月 30 日的相对市场价值为权重（个股的市场价值与组内个股市场价值总和的比），对第 t 年 5 月至第 $t+1$ 年 4 月期间内个股的月回报进行加权平均，从而求得每个组的月回报。

个股的月回报是指考虑现金红利再投资的月个股回报率（Mretwd）。

4. 以每个组的月回报为依据，计算每个月的 SMB 和 HML 值。具体计算公式如下：

$$\begin{aligned}\text{SMB} &= 1/3(\text{Small Value} + \text{Small Neutral} + \text{Small Growth}) \\ &\quad -1/3(\text{Big Value} + \text{Big Neutral} + \text{Big Growth})\end{aligned}$$

$$\begin{aligned}\text{HML} &= 1/2(\text{Small Value} + \text{Big Value}) \\ &\quad -1/2(\text{Small Growth} + \text{Big Growth})\end{aligned}$$

---

① 数据处理采用 SAS 9.1 统计软件。

② 该符号为 CSMAR 数据库定义的变量名，下同。

5. 以市场回报减去无风险回报，即得到超额市场回报（$R_m - R_f$）。市场回报为考虑现金红利再投资的综合月市场回报率（加权平均法）（Cmretwdeq）。

三、年度更新的中国市场 Fama-French（1993）三因素结果可从 http://gjiang.gsm.pku.edu.cn 下载

参考文献

Fama E. F.，K. R. French. 1993. Common Risk Factors in the Returns on Stocks and Bonds. *Journal of Financial Economics*，Vol. 33：3-56

Fama E. F.，K. R.. 1996. French，Multifactor Explanations of Asset Pricing Anomalies. *Journal of Finance*，Vol. 51：55-84

K. R. French 主页：http://mba.tuck.dartmouth.edu/pages/faculty/ken.french/data_library.html

第 3 章

投资异象的出现及其对有效资本市场假说的挑战

3.1 本章概述

有效资本市场假说自 20 世纪 70 年代正式提出以来，一直占据着证券投资研究的主流地位。根据这个理论，股票的回报是由其风险水平决定的，通过资本资产定价模型，我们可以衡量股票的风险，计算股票的正常、预期回报。该理论的核心预测是在控制了风险回报以后，任何投资策略不可能长期取得超过正常回报的超额回报。

所以，要想证明市场并不是如该理论预测的那样有效率，需要有一些投资策略能够长时间地赚取超额回报。我们称这些投资策略为“异象”，因为这些策略的回报不等于资本资产定价模型预测的正常回报。

80 年代以来，异象研究发现了若干显著、长期存在的异象投资策略。本章回顾了其中的七种：(1) 市场规模异象发现小规模公司的回报在控制了风险回报以后高于大规模公司的回报。(2) 账面/市值比异象发现盈余（股东权益、现金流等会计数据）除以市场价值比高的股票未来回报大于这些比率低的股票的未来回报。(3) 反转异象发现在过去1～3 年中价格表现好的股票未来1～3 年中回报差于过去 1～3 年中表现差的股票。（4）惯性策略异象则发现过去 1～12 个月中股票价格表现好的股票继续在未来 1～12 个月中表现好，而过去表现差的股票继续表现差。（5）盈余公布后漂移异象发现盈余业绩好的股票未来 1 年内表现继续比较好，而盈余业绩差的股票未来 1 年内表现继续差。（6）应计盈余异象发现应计盈余占总资产比例大的股票未来回报低于应计盈余占总资产比例小的股票。（7）稳健性异象发现会计政策稳健的股票未来表现好于会计政策激进的股票。

异象研究对理论和证券投资都有重要的意义。在理论层面上，异象代表了市场无效性，是对有效资本市场假说的挑战。正是这些研究导致了 Fama（1991）对 Fama（1970）的补充和修正。

在证券投资实践上，只要是积极投资基金（active funds），而不是指数基金，就代表着基金管理者和基金投资者相信市场有无效率的地方，有错误定价的地方，而专业投资人士可以抓住这些机会，为投资者提供更好的回报。事实上，规模大的积极投资基金的工作就是在寻找异象，通过套利取得超额回报。所以，异象对这些基金来说是生命线。如果市场完全有效了，它们就不需要存在了。

异象研究的出现拉开了有效资本市场学派和雏形中的行为金融学派的交锋，而且直接导致了学术界在理解异象研究过程中对套利行为、套利成本、套利风险的研究。这些是以后几章的主要内容，是行为金融学的核心。

3.2 普通股的股票回报和市场价值之间的关系

Banz, Rolf. 1981. The relationship between return and market value of common stocks. *Journal of Financial Economics* 9：3-18

有效市场假说是会计研究、现代金融和证券理论方面的一个重要领域。有效市场假说提出后，引起了投资者和理论研究者的广泛关注，研究人员对此进行了大量的实证研究。尽管许多实证研究对有效市场假说做出了肯定，但同时也有相当一部分实证研究的结果对有效市场假说提出了质疑。特别是进入20世纪80年代以来，与有效市场假说相矛盾的实证研究不断涌现，对有效市场假说带来了严重的挑战。但是正如Ball（1978）指出的那样，有效市场假说与资本资产定价模型存在循环定义或联合假设问题，以往的实证检验都是对市场有效性和模型合理性的联合检验，很难区分是因为CAPM的错误定义还是因为市场的无效率。

Banz（1981）将这方面的研究向前推进了一步，他通过研究发现，股票投资回报率随公司相对规模的上升而下降，尤其是市值较小的公司股票投资回报率超过市场平均水平，这种现象称之为规模效应（又称小公司效应，small firm effect）。Banz将1936—1975年在NYSE上市的股票按公司规模分成五组，发现最小规模组的平均年回报率比最大规模组的公司要高19.18%。由此，Banz提出，至少在1936—1975年期间，在NYSE上市的公司回报率和风险调整后的回报率都有随着公司相对规模的上升而下降的趋势。这种小公司效应，是金融研究中重要的发现之一，这篇文章也成为被引用最多的文章之一，Fama-French（1993）提出的三因素调整法中的一项重要的风险调整因素也是源于此。

这篇文章研究的核心问题，正如其题目一样：在NYSE上市的普通股公司的股票回报和总市值之间是否存在着某种关系。作者采取渐进的方法对这个问题进行了完整的分析。作者首先拓展了CAPM模型，假定股票的期望回报是风险系数β以及股票权益市值ϕ的线性函数；然后通过回归证明ϕ系数显著不为零，证明了公司规模是股票回报的影响因素之一，而CAPM模型未能反映出所有影响公司股票回报的风险因素；在辨认出公司规模这一风险影响因素之后，作者构造套利模型（买入小规模公司的股票，卖空大规模公司的股票），通过检验套利模型存在着显著的超额回报，检验得出规模效应这一风险因素具有现实意义。

和常见的实证研究有所不同，本文并没有提出明确的假设，而是从一个扩展的CAPM模型出发开始分析。作者选取1926—1975年在NYSE上市交易至少5年的股票作为样本，并且根据研究的需要建立了一个扩展后的CAPM模型：

$$E(R_i)=\gamma_0+\gamma_1\beta_i+\gamma_2[(\phi_i-\phi_m)/\phi_m] \tag{1}$$

式中，$E(R_i)$ 代表第 i 种股票的期望回报；γ_0 可视为 $\beta=0$ 的资产组合的期望回报；γ_1 可视为期望的市场风险回报；γ_2 为规模因素 ϕ_i 对期望回报的影响。如果期望回报和规模因素 ϕ_i 之间没有关系，那么 $\gamma_2=0$，式（1）就变成了 Black（1972）所提出的 CAPM 模型的形式。因此这个方程可以看作对 CAPM 模型的一种修正。其中，式（1）中的系数可以通过构建投资组合，对投资组合回归的方法估计而得（这种方法的好处是不需要假定股票市值和期望回报之间的确切函数形式）：

$$R_{it}=\gamma_{0t}+\gamma_{1t}\beta_{it}+\gamma_{2t}[(\phi_{it}-\phi_{mt})/\phi_{mt}]+\varepsilon_{it} \tag{2}$$

为了估计系数，作者按照 Black and Scholes（1974）的方法把所有样本公司分为 25 个公司数目相同的组合：首先按照股票市值把样本公司分为 5 大类，然后把每一类别中的公司按照 β 值分为从大到小的 5 个类别。通过回归，计算出这些系数的平均值作为最终的系数估计值。为了保证这些历史数据估计而得的系数估计值可以有理论上的特性，消除变量误差的影响，作者使用 Black and Scholes（1974）所建议的方法（式（3）），对带有时间序列特征的 γ 估计值进行修正：

$$\hat{\gamma}_{2t}-R_{Ft}=\hat{\alpha}_2+\hat{\beta}_2[R_{mt}-R_{Ft}]+\hat{\varepsilon}_{2t} \tag{3}$$

作者发现以上方法估计出的 γ_2 显著为负（见原文表 1），这就说明了规模较大公司的回报比规模小的公司回报要小。规模效应这一因素显著影响股票的期望回报，也在某种程度上说明 CAPM 模型没有包含上市公司所面临的所有风险，或者存在着错误定价问题。

为了更直观地看出规模效应的影响，作者假定规模效应对股票回报的影响是线性的，并计算出回归残差：

$$\hat{\varepsilon}_{it}=R_{it}-\hat{\gamma}_{0t}-\hat{\gamma}_{1t}\hat{\beta}_{it}-\hat{\gamma}_{2t}[(\phi_{it}-\phi_{mt})\phi_{mt}],\quad i=1,2,\cdots,25 \tag{4}$$

通过观察每一组合的残差均值和平均市值相关关系（见原文图 1 和图 2），作者发现：（1）规模效应对股票回报的影响并不是线性的，因为残差 ε_i 并不在 0 周围随机分布；（2）所有小规模的公司的残差都为正，其他的则围绕在0的周围。这也说明，小规模公司比其他类型的公司超额回报更大。

之后，为了验证规模效应的实际应用意义，作者构造三个组合：小规模、中等规模、大规模公司，然后比较这三个组合两两之间的回报之差（这样相当于卖空一个组合买空另外一个组合，形成一个无投入且β为0的套利组合）。作者发现由小规模和中等规模公司组成的套利组合回报显著大于由中等规模与大规模公司组成的套利组合回报；并且买空小规模公司并卖空大规模公司的套利组合平均年回报率为19.18%。

正像作者自己在文章中提到的：因为没有理论基础的支持，所以不清楚规模效应这一风险因素，是公司规模本身造成的，还是只是其他未被发现的真正风险因素的一个替代变量；作者也没有指出为什么会产生这种规模效应。所以在作者的研究之后，很多学者一直在努力寻找规模效应产生的原因，最终形成了三种观点。

第一种观点认为，基于异常回报的规模效应来自于数据挖掘，研究者倾向于寻找和修正与平均回报具有密切关系的变量，仅仅用个别例子来证明片面的结论。

第二种观点认为，规模效应实际上是对风险的补偿。Fama and French（1992，1993）发现小公司股票的较高回报来自于其较高的系统风险，其较高的回报率是对其较高风险的补偿。Huberman and Kandel（1987）指出同一规模水平公司的回报率对风险因素具有相似的反应方式，并且其回报率趋于一致。Chan and Chen（1991）通过进一步研究公司结构特征的差异发现小公司组合包含大部分边际公司，由于边际公司和健康公司对同一个经济信息的反应不同，导致小公司和边际公司具有相似的对经济信息的反应。因此，他们指出小公司和大公司回报的差异主要来自于边际公司特性，而非规模因素。

第三种观点将规模效应和一些特殊的现象联系起来。Arbel and Strebel（1983）提出被遗忘效应（the neglected firm effect），认为存在规模效应的主要原因是小公司容易被市场操纵力量（集团投资者）忽略。集团投资者通常钟情于引人注目的大公司，而不愿意研究小公司，因而市场参与者对小公司的经营管理、生产状况和市场销售等情况知之甚少，从而造成信息不足或不完全，导致投资小公司股票的风险远大于投资大公司股票，小公司股票的投资者自然要求有一超额回报率对风险加以补偿。之后，Ritter（1988）提出纳税效应（tax loss selling）认为：为了避免缴纳资本利得税，投资者通常在年底前抛售那些已跌价的股票，以实现资本损失，并在来年初将资金用于再投资，从而引起来年初股市出现过多购买、股价上升，由此使小公司效应变成小公司元月效应。Yakov Amihud and Haim Mendelson（1986）在对股票市场的流动性问题进行精确分析以后，提出了流动性效应的新解释，认为：由于小公司的股票交易相对于大公司要清淡得多，影响了小公司股票的流动性，为弥补可能出现的变现损失，投资者将要求一种回报升水。因此，非流动性溢价（illiquidity premium）会体现在每一种股票的价格中。

Banz（1981）发表文章之后，不同国家的很多学者也都对规模效应这一现象做了继续研究，在不同程度上说明了规模效应这一风险因素的存在，但是也有相当多的学者对这一因素表示了质疑，直到现在仍然没有一个统一的理论解释这一现象。Banz（1981）以及上面提到的这些文章基本上还是在有效资本市场假说的框架内解释市场规模效应，他们把小规模公司高未来回报的原因归之于 CAPM 模型没有包含一种和公司市场规模相关的风险因素，一旦发现并控制了这个风险因素，市场规模效应就应该消失。这个观点直接导致了 Fama-French 三因素的出现。

但是，在某种程度上，Banz（1981）被认为是挑战有效资本市场假说的异象研究的先驱之一。经过 CAPM 市场风险调整过的回报，小规模公司还是系统地大于大规模公司，这不符合有效资本市场假说。虽然 Banz（1981）及其他文章都认为这是因为 CAPM 模型遗漏了和市场规模相关的风险因素，而不是错误定价，但是遗漏掉的风险因素是什么性质一直没有理论结论，所以遗漏风险说一直没有被学术界广泛接受。

参考文献

Amihud，Y. and Mendelson，H.. 1986. Asset Pricing and the Bid Ask Spread. *Journal of Financial Economics* 17，December

Arbel，A. and P. J. Strebel. 1983. Pay Attention to Neglected Firms. *Journal of Portfolio Management* 9（2）：37-42

Ball, Ray. 1978. Anomalies in Relationships between Securities'yields and Yield-Surrogates. *Journal of Financial Economics* 6: 103–126

Black, Fischer. 1972. Capital Market Equilibrium with Restricted Borrowing. *Journal of Business* 45 (3): 444–454

Black, F. and M. Scholes. 1974. The Effects of Dividend Yield and Dividend Policy on Common Stock Prices and Returns. *Journal of Financial Economics* 1 (5): 1–22

Chan K. C. and Nai-fu Chen. 1991. Structural and Return Characteristics of Small and Large Firms. *Journal of Finance* 46: 1467–1484

Fama E. F. and French K. R.. 1993. Common Risk Factors in the Returns on Stocks and Bonds, *Journal of Financial Economics* 33: 3–56

Fama E. F. and French K. R.. 1992. The Cross-Section of Expected Stock Returns. *Journal of Finance* 47: 427–465

Huberman, G. and S. Kandel. 1985. A Size-Based Stock Returns Model. CRSP Working Paper. University of Chicago

Ritter, Jay R.. 1988. The Buying and Selling Behavior of Individual Investors at the Turn of the Year. *Journal of Financial Economics* 43 (3): 701–717

3.3 盈余收益、市场价值与回报之间的关系：基于纽约股票市场的进一步论证

Basu, S.. 1983. The relationship between earnings yield, market value and return for NYSE common stocks: further evidence. *Journal of Financial Economics* 12: 129–156

金融市场的异象是与有效资本市场假说密切相关的一个概念。Fama 在 1965 年就提出了有效资本市场假说的概念，该假说认为投资者是理性的，信息对每个投资者都是均等的，因而金融市场竞争使得“价格完全反映所有的

可得信息”。然而现实世界并不是如此完美，不符合有效市场假说的现象不断出现，于是引发了关于金融市场异象的诸多讨论，同时异象对于有效市场假说提出了挑战。

异象主要分为三类：Rozeff and Kinney（1976）首先提到的日历异象，Debondt and Thaler（1985）研究的特定事件异象和 Shleifer（1986）发现的特定属性异象。这篇文章中所研究的异象属于特定属性异象，主要研究的是企业规模、市盈率与市场回报之间的关系。

3.3.1 核心问题与研究假设

文章所研究的核心问题是盈余收益、企业规模与市场回报之间的关系。文章研究的结果再一次证明了高 E/P 值的企业会得到高于低 E/P 值企业的风险调整超额回报，而且这种效应即使在控制了规模因素之后还是显著的。相反，如果控制了风险和 E/P 指标，原本的小企业能得到较高回报的异象就消失了。实证证明 E/P 效应不是完全独立于企业规模，同时这两个变量对期望回报所产生的影响比先前的研究所阐述的更加复杂。

在本文之前已经有许多学者研究过企业权益定价中存在的异象。Basu（1975，1977）发现在纽约股票市场上，高 E/P 的企业组成的组合一般比随机挑选的企业组合的绝对收益或者风险调整超额收益要高。这一发现对单期 CAPM 及证券定价符合市场有效性的假设提出了质疑。Banz（1981）证明小企业将得到高于大企业的风险调整超额回报，这同样也对 CAPM 提出了挑战，Banz 断言盈利效应是规模的代理变量，但是反过来却不成立。Reinganum（1981）发现基于 NYSE-AMEX 数据，规模效应包含 E/P 效应，也就是说这两种效应对应的是几乎相同的影响因素，而这些因素与企业规模的相关性更强。Ball（1978）指出，E/P 指标期望回报的直接代理变量，在 CAPM 失效的时候，可以将其直接作为期望回报的重要解释因素。尽管均衡模型中变量与普通股的市场价值相关，但是规模并不是直接代理变量，但 Reinganum 的发现为 E/P 异象提供了与 Ball 不同的解释，指出如果要检验市场反应或者有效性，只需要控制企业规模。

在 Reinganum 的文章中，超额回报的计算使用的是给定组合的可实现回报与等权重计算的 NYSE-AMEX 指数之差。主要存在两个突出问题。第一，规模效应夸大了，也就是造成了 β 由于交易不充分而偏小。第二，忽视了 E/P指标的真正影响。通过对对冲组合超额回报的分析，发现 E/P 效应可能没有被真正认识。

本文的主要目的是要重新验证 E/P 指标、企业规模与回报之间的关系，运用不同的数据、样本和方法来验证 Reinganum 结论的稳健性。本文对于回报进行的风险调整考虑了系统风险与整体风险水平，弥补了 Reinganum 没有进行任何风险调整的缺陷，探寻规模效应、E/P 效应与超额回报之间的关系，以及二者之间的交互影响。

依据前人的研究，作者提出了自己的看法，进一步探求异象相关因素。主要假设是：

（1）规模效应并不是包含了盈余效应；

（2）在控制了盈余、风险等因素后，规模产生的异象消失了；

（3）规模与盈余对于超额收益的影响是交互的；

（4）信息因素并不是盈余效应产生异象的本质原因。

3.3.2　数据与方法

主要思路是将样本分别按照 E/P 和市场价值分成 5 组，按照 E/P 分组的各个组中的样本来自不同的市场价值组合，同样的按照市场价值分组的各个组中的样本来自不同的 E/P 组合。最后比较这些组合的风险回报关系，从而检验显著的盈余效应和规模效应是不是存在。

1. 数据与样本选择

原始数据主要有两个来源。以每年 12 月作为年度终结的每股会计盈余来源于 PDE 数据库，主要使用的是 1962—1978 年的数据。股票价格、回报和普通股数据来源于 CRSP 月度回报数据库。

T 年度的样本企业要在本年度 1 月 1 日已经上市，至少本年第一个月正常交易。月度回报、市场价值和会计盈余数据都没有缺失。共有 1 300 家企业符合上述要求至少一年。在 17 年中，每年大约有 900 家企业符合要求。

2. 构造组合与风险调整

市场价值等于市价乘以流通股数量。

E/P 等于最近 12 个月的每股盈余（剔除非经常性项目与非持续性经营项目）除以年初股价。

按照 E/P 升序排列各个观测，按照观测总数均分成 5 个组合。EP1 的 E/P 最小。同样也按照市场价值升序排列，同样分成 5 个组合，MV1 是市场价值最小的。每年根据 E/P、市场价值的不同对于观测值重新分组。通过描述性统计发现 E/P 与市场价值之间是反向关系。非参数检验证明按照市场价值分组的 5 个组合的 E/P 指标相等，按照 E/P 分组的 5 个组合的市场价值相等的原假设在 1%显著性水平上被拒绝。

作者利用随机方法对上述样本重新构造组合，将每个市场价值组合中的样本再按照 E/P 排序，把每组中 E/P 最小的 1/5 分别取出，组成新的 EP1*，其他各组依此类推，于是得到了各组合之间市场价值没有显著差异的 E/P 组合以及各组合之间 E/P 没有显著差异的市场价值组合。也就是E/P指标效应不会受到规模的影响，规模效应的检验也不会受到 E/P 效应的影响。

文章的组合回报使用各个样本的算术平均，尽量避免月报公布的影响，使用月度回报标准差和系统风险来预测风险。其中系统风险的衡量是通过二参数资本资产定价模型确定的：

$$r_{p,t}-r_{f,t}=\hat{\delta}_p+\hat{\beta}_p(r_{m,t}-r_{f,t})$$

通过计算超额回报 $\hat{\delta}_p$ 是否显著异于 0 来确定 E/P 效应、规模效应是否存在。

3.3.3 实证结果

1. 关于 E/P 效应、规模效应

从原文表 3 的 Panel A 来看，实证结果与以前研究结果类似，小企业组合月度回报高于大企业，高 E/P 企业组合回报高于低 E/P 企业组合。小企业组合对应的风险高于大企业，但是高 E/P 企业组合的风险没有这一特征。Panel B 中得到，规模效应的超额回报在随机处理之后的组合中不再存在，也就是说超额回报由不同的风险水平解释了。但是不同的 E/P 组合之间的超额回报存在显著差异，这一差异是不能通过控制风险水平和规模来消除的。

2. CAPM 风险回报关系

主要探讨 CAPM 的成立范围。

回归针对每个投资组合分别进行，使用最小二乘法进行估计，分别用等权重与市价权重的 NYSE 指数模拟市场组合，从而估计系统风险、各个组合的回报、无风险回报与市场组合的回报之间的相关系数、各个组合的超额回报。使用的检验方法是单参数 t 检验和多参数 Hotelling T^2 检验。

实证结果显示系统风险 β_p 从小规模企业组合变到大规模企业组合的时候，下降很快。规模组合中的 MV1 每月得到 0.27%的超额回报，MV5 每月的超额回报为－0.25%。但是在 MV1* ～MV5* 各个组合间，控制了 E/P 之后，统计上就不存在异于零的超额回报。也就是证明了假设，在文章所研究的 17 年间，市场价值或者说规模不是影响风险调整超额回报的重要因素。

而 E/P 指标在控制了规模等之后，还是存在超额回报，在 EP1* ～EP5* 之间的月度超额回报差额为 0.46%，结果在 5%水平下通过了检验。也就是验证了，在文章所研究的 17 年间，纽约股票市场上市公司的 E/P 指标与风险调整超额回报之间有显著的关系。

在敏感性测试中，作者使用了按照市值加权计算指数的方法，得出了相同的结论。

3. 交互影响

研究 E/P 指标与规模之间的交互影响的情况，分别使用实际回报、等权重指数、市价加权指数来研究 MV 各组合之间与 E/P 各组合之间的关系。结果证明在文章所研究的 17 年间，当异象出现的时候，二者之间确实存在交互作用，规模的差异对于股票市场回报的影响作用不及 E/P 指标。

4. 盈余信息效应

通过调整月度回报开始计算的月份，重复前面的研究，排除了 E/P 指标的影响来源于盈余信息的公布的信息效应，也就有力地证明盈余收益（E/P指标等）带来的异象不能由二参数均衡模型的偏差或者资本市场的信息有效性来解释。

3.3.4 结论

这篇文章运用1963—1980年间纽约股票市场上市公司的回报数据，研究了盈余收益（E/P指标等）、规模与回报之间的关系。研究发现高E/P企业组合即使控制了规模等风险因素的情况下，仍然能够得到超额回报，但是小公司组合在控制了E/P等因素之后，超额回报就消失了。同时还发现规模与盈余收益之间的交互影响，二者之间的关系比以前的研究中所提到的更加复杂。E/P和规模都不能看作期望收益的根本原因，它们都是期望回报的实质决定因素的一种代表。

第一，文章为金融异象的研究起到了重要的承上启下的作用。文章基于以前学者的研究结果，运用更加科学的研究方法，深刻地揭示了规模与盈余指标对股票回报的影响。充分继承了前人研究的成果，对于异象的影响因素进行了与前人不同的尝试。

第二，通过合理的分组方式，同时对于盈余效应和规模效应进行研究、比较，在控制了风险和盈余因素之后，证明了规模效应带来的异象在控制了某些因素之后是可以消除的，为Fama等人的三因素模型提供了一定的参考，也支持了作者提出的假设。

第三，创造性地研究盈余效应与规模效应之间的相互作用，得出二者并不是简单的相关关系，比前人研究的结论更加复杂，但具体情形还有待后人继续探讨。

第四，文章运用与前人不同的样本和数据得到了不同的结果，但是本文的可验证性、稳健性需要后人的研究予以支撑。

第五，文章提出E/P和规模都不是影响期望收益的根本原因，而是期望回报的实质决定因素的一种代表，对于这个实质的决定因素，作者为后续研究留下了广阔的空间。

参考文献

Banz，R. W. . 1981. The Relationship between Return and Market Value of Common Stocks. *Journal of Financial Economics* 9（1）：3-18

Basu，S. . 1975. The Information Content of Price-earnings Ratios. *Financial Management*，Summer：53-64

Basu，S. . 1977. Investment Performance of Common Stocks in Relation to Their Price-Earnings Ratios：Test of the Efficient Market Hypothesis. *Journal of Finance* 32（3）：663-682

Ball，R. . 1978. Anomalies in Relationships between Securities'yields and Yield-surrogates. *Journal of Financial Economics* 6（2）：103-126

Rozeff，Kinney. 1976. Capital Market Seasonality. The Case of Stock Returns. *Journal of Financial Economics* 3（4）：397-402

Debondt W，Thaler R. . 1985. Does the Stock Market over React. *Journal of Finance* 40（3）：793-805

Shleifer，Andrei. 1986. Do Demand Curves for Stock Slope Down? *Journal of Finance* 41（3）：579-590

3.4　市场真的过度反应了吗？

DeBondt，W.，and R. Thaler. 1985. Does the stock market overreact? *Journal of Finance* 40：793-805

有效市场假说自 20 世纪 60 年代形成以来一直受到理论界颇多争议，大量的实证检验发现了一系列与资产定价经典模型和市场有效性不相符的异常现象，从不同角度反映了股票回报存在一定的可预测性。其中，价格反转(contrarian）就是受到广泛关注的一种异常现象。价格反转是指早期回报率低的股票在之后的表现会超过早期回报率高的股票，对这一现象最有代表性的解释就是市场对信息的认识存在过度反应。最早研究长期内股票回报反转现象的就是 DeBondt and Thaler（1985）这篇文章。

在实际投资活动中，投资者并非遵循贝叶斯规则对新信息做出合适的反应，而是倾向于将最近的信息赋予过多的权重，对以前的信息赋予的权重则偏低，即代表性直觉（representativeness heuristic）。这些现象表现在证券市场的投资决策就是对最近信息的过度反应，这对有效市场假说构成重大挑战，甚至对整个传统金融经济理论提出质疑，因为这些理论均是建立在投资者是理性经济人这样一个基本的前提之下的。Arrow（1982）曾经指出两个反应过度特殊的例子：股价的过度波动和 P/E 的反常。

（1）Shiller（1981）发现股票价格的波动远远大于经典的 MM 定理的股利贴现模型所能解释的幅度，这一研究结果结合 Kleidon（1981）的发现——股票价格的变动与其随后年份的回报变化高度相关，可据此认为，股票市场呈过度反应状态，投资者对短期经济变动给予了过多的关注。

（2）Basu（1977）发现股票市场的过度反应表现在 P/E 异常现象上，极低市盈率的股票相对于高市盈率股票，风险调整后回报更高，甚至在调整规模后，仍然存在。Basu（1983）可以从投资者过度反应角度进行解释，对于极低市盈率股票而言，投资者得到一系列坏消息以后变得过分悲观，股票价值暂时被低估，一旦预期未来盈利好于先前不合理的悲观估计，价格将会得到迅速纠正，反之亦然。

然而，为什么过度反应这种异常没有被套利者利用从而迅速纠正错误定价呢？Russell and Thaler（1985）提出市场中还存在准理性代理人，使得理性代理人的行为不能使得市场达到理性均衡。

作者认为如果股票价格总是反应过度，那么仅从过去的投资回报率，而不需要财务数据，就可以推测股票价格在反应过度之后的反转。根据过度反应的内涵，市场必会出现以下两种现象：（1）股票价格的异常波动将会伴随随后的价格反方向运动，超涨的股票在反转中超跌，超跌的股票则会超涨；（2）股票价格的异常波动幅度越大，那么在以后的反转中其调整幅度也越大。这就是作者的两个基本假设，当然其中还暗含着弱有效市场的无效。

本文沿用了 Beaver and Landsman（1981）的研究方法，并进行了适当的改进，根据股票在过去所形成的超额投资回报率，而不是上市公司自己披露的信息，选择股票组成赢家组合（winner）和输家组合（loser）。这种方法后来成为学术界和实业界研究股市惯性和反转策略的通用方法。

作者所采用的超额回报率模型是 Fama（1976）的市场有效模型：

$$E(\widetilde{R}_{jt}-E_m(\widetilde{R}_{jt}\mid F_{t-1}^m)\mid F_{t-1})=E(\widetilde{u}_{jt}\mid F_{t-1})=0$$

对于本文来说，如果过度反应确实存在，那么就有 $E(\widetilde{u}_{Wt}\mid F_{t-1})<0$，$E(\widetilde{u}_{Lt}\mid F_{t-1})>0$。计算预期的投资回报率有三种方法：市场调整的超额回报、市场模型残差和与资本资产定价模型计算得到回报相比的超额回报。作者证明用这三种模型得到的实证结论是一致的，对文章的结论没有影响。因此，作者在文章中仅叙述了用市场调整的超额回报得到的结果，即超额回报 $\hat{u}_{jt}=R_{jt}-R_{mt}$，没有用风险进行调整。

本文的数据来自 CRSP（Center for Research in Security Price）中披露的 1926—1982 年间在 NYSE 上市交易的股票的月投资回报率，以避免选择日回报率所带来的买卖方报价、异常的交易等干扰。作者以每 120 个月为一个周期，自 1926 年开始，每隔 3 年的 1 月作为一个周期的开始，共 16 个周期。对于每一个周期来说，如图 3—1 所示，第 49 个月至第 84 个月是投资组合形成期，作者计算了这段时期各股票的投资回报率，并进行排序，其中回报率最大的 35 只股票分为一组，称为赢家组合，回报率最小的 35 只股票组成输家组合。第 84 个月之后的 36 个月作为持有检验期，计算两个组合的超额回报率并进行 t 检验。

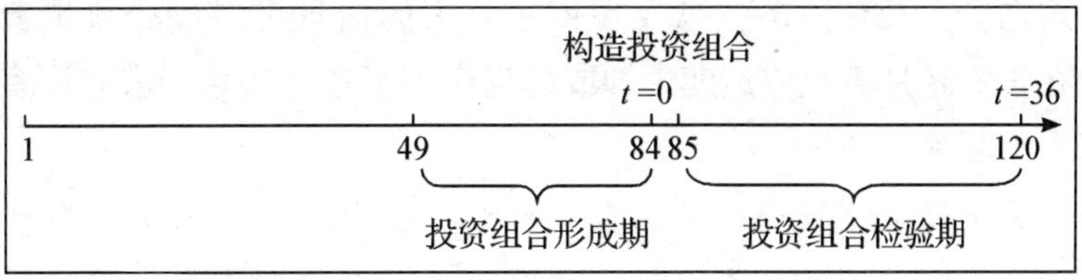

图 3—1　文章研究方法示意图

实证结果与作者的假设是一致的。输家组合在 36 个月后的累计回报超过市场 19.6%，而赢家组合则低于市场 5.0%，也就是说，通过买入输家组合、卖空赢家组合可以实现无风险套利，回报率为 24.6%。作者还发现输家过度反应的程度超过赢家。

针对第二个假设，为了生成更极端的观测值，作者采取了两种方法：延长投资组合的形成期和减少投资组合中的股票数量。实证结果也证明了作者的假设，随着形成期累计超额回报率的增大，反应过度之后的反转程度也越来越大。

但是作者在检验资本资产定价模型的 β 值时发现，赢家组合的 β 值显著高于输家组合，这样的话，输家组合不仅在检验期的盈利上跑赢了赢家组合，而且根据资本资产定价理论，其风险也低于赢家组合。此外，作者针对检验期和披露期做了敏感性检验，结论没有变化。

研究设计中要求股票在第 49 周至第 120 周间的数据不能有缺失值，这样可能会导致选择的样本都是经营好、持续性强的大公司；但是结论仍然支持了最初的假设，这与之前很多理论家认为的小公司过度反应现象更显著相矛盾。可见，规模效应并不是过度反应的主要原因。另一个有趣的现象就是，输家组合绝大多数超额回报都是在一月份实现的，即存在明显的“一月效应”这种季节特征。与之相反，赢家组合则在年底获得回报，在之后的一月会产生亏损。但是，作者指出过度反应现象与“一月效应”等季节因素是不同的。同时作者的研究也支持了 P/E 影响的存在。

DeBondt and Thaler（1987）采用同样的样本，将组合的规模扩大到 50 只股票，组合形成期和检验期延长到 5 年，采用同样的方法进行检验，与 1985 年的结论一致。

在这之后，又有许多文献发现依赖过去的信息可以成功预测未来的股价，仅在投资者是否反应过度，抑或是反应不足这一领域，就有许多国外学者进行了不断深入的研究。

（1）关于规模效应和一月效应。Fama and French（1986）发现规模对过度反应有一定的影响。Zarowin（1989，1990）在控制公司规模后，赢家组合与输家组合在检验期的异常绩效并无显著差异，并且发现长期过度反应的检验易受一月效应所影响。Chopra et al.（1992）发现不仅存在过度反应的现象，而且一月效应存在，小公司的过度反应要显著强于大公司。

（2）窗口期选择。Jegadeesh（1990），Lehmann（1990）提供了一些基于较短期限过度反应的经验证据，基于过去数周、数月的表现选择那些表现最差的股票能够获得超额回报。

（3）反应不足的实证证据。有经验研究结果表明早期回报率较高的股票平均仍会在接下来的一段时期内超过早期回报率较低的股票，这就是与“过度反应”相矛盾的价格动量（momentum）导致反应不足的现象。Daridson（1989）采用 NYSE 与 AMEX 上市股票的日资料，发现不存在过度反应，股票报酬有“强者恒强，弱者恒弱”的现象。Jegadeesh and Titman（1993）研究发现美国股票市场上单个股票的回报在 3～12 个月左右的期间内，表现出趋势的连续性。

（4）理论解释。关于股票市场是否存在过度反应、反应不足以及对其理论解释仍然存在争论。关于过度反应和反应不足的行为金融解释比较多，包括 BSV 模型、DHS 模型、HS 模型等。而 Fama（1997）仍然坚持市场是有效的，只是出于偶然的原因，市场在有些场合下表现出过度反应，而在另外一些场合下表现出反应不足，非正常回报的期望为零，但偶然因素产生了明显的异常现象，这些异常现象在过度反应与反应不足之间随机分布。

伴随我国资本市场的发展，投资者的非理性行为引起学者的关注，国内从 20 世纪 90 年代后期开始对我国股票市场是否存在过度反应进行了检验，张人骥等（1998），沈艺峰、吴世农（1999），周琳杰（2002）等得出了中国股票市场不存在过度反应的结论，而王永宏、赵学军（2001），李诗林、李扬（2003），邹小凡、钱英（2003），刘少波、尹筑嘉（2004）等都认为中国市场存在显著的过度反应。

但是，我国股票市场发展历史较之美国、英国等国家比较短，交易制度不完善，交易规则变动频繁，研究时所能采用的样本股票少、样本时期短，且交易数据缺失、不真实、不可比的现象较普遍，这对检验结果产生了一定影响。同时，我国股市做空机制的缺乏使得投资者的套利行为受到了严格的限制，这在防止过度投机行为的同时也严重削弱了市场本身的自我调节能力。而且，在一些实证检验中，结果在统计上并不显著，这些结果也就缺乏说服力。

参考文献

Arrow, K. J.. 1982. Risk Perception in Psychology and Economics. *Economic Inquiry* 20: 1-9

Basu, S.. 1977. Investment Performance of Common Stocks in Relation to Their Price-Earnings Ratios: A Test of the Efficient Market Hypothesis. *Journal of Finance* 3: 663-682

Basu, S.. 1983. The Relationship Between Earnings'Yield, Market Value and Return for NYSE Common Stocks: Further Evidence. *Journal of Financial Economics* 12: 129-156

Beaver, W., and Landsman. 1981. Note on the Behavior of Residual Security Returns for Winner and Loser Portfolios. *Journal of Accounting and Economics* 3: 233-241

Chopra, N., Lakonishok, J., and Ritter, J. R.. 1992. Measuring Abnormal Performance: Do Stocks Overreact. *Journal of Financial Economics* 31: 235-268

Daridson, W. N.. 1989. A Note on the Behavior of Security Returns: A Test of Stock Market Overreaction and Efficiency. *Journal of Finance Research* 12 (3): 245-252

DeBondt, W., and R. Thaler. 1987. Further Evidence on Investor Overreaction and Stock Market Seasonality. *Journal of Finance* 3: 557-581

Fama, E. F., K. R. French. 1986. Common Factors in the Serial Correlation of Stock Returns. Working Paper, Graduate School of Business, University of Chicago

Fama, E. F.. 1976. *Foundations of Finance*. New York: Basic Books, Inc

Fama, E. F.. 1997. Market Efficiency. Long-Term Returns and Behavioral Finance. Working Paper, University of Chicago

Jegadeesh, N.. 1990. Evidence of Predictable Behavior of Security

Returns. *Journal of Finance* 45：881–898

Jegadeesh，N. and S. Titman. 1993. Returns to Buying Winners and Selling Losers：Implications for Stock Market Efficiency. *Journal of Finance* 48：65–91

Kleidon，A. W.. 1981. Stock Prices as Rational Forecasters of Future Cash Flows. Working Paper，Graduate School of Business，University of Chicago

Lehmann，B.. 1990. Fads，Martingales，and Market Efficiency. *Quarterly Journal of Economics* 105：1–28

Russell，T. and Thaler，R.. 1985. The Relevance of Quasi-Rationality in Competitive Markets. *American Economic Review* 75：1071–1082

Shiller，R. J.. 1981 Do Stock Prices Move Too Much to be Justified by Subsequent Changes in Dividends? *American Economic Review* 71：421–436

Zarowin，P.. 1989. Does the Stock Market Overreact to Corporate Earnings Information? *Journal of Finance* 44：1385–1399

Zarowin，P.. 1990. Size，Seasonality，and Market Overreaction. *Journal of Financial and Quantitative Analysis* 25：113–125

李诗林，李扬. 沪深股票市场过度反应效应研究. 管理评论，2003 (6)：28–35

刘少波，尹筑嘉. 沪市A股过度反应和反应不足的实证研究. 财经理论与实践，2004 (2)：51–58

沈艺峰，吴世农. 我国证券市场过度反应了吗? 经济研究，1999 (2)：21–26

王永宏，赵学军. 中国股市“惯性策略”和“反转策略”的实证分析. 经济研究，2001 (6)：56–61

张人骥，朱平方，王怀芳. 上海证券市场过度反应的实证检验. 经济研究，1998 (5)：58–64

周琳杰. 中国股市的规模效应问题. 经济管理，2002 (10)：68–75

邹小凡，钱英. 我国股票市场的中长期回报率的过度反应. 数理统计与

管理，2003（11）：9-13

3.5 “买进赢者，卖出输者”的回报：对市场有效性的挑战

Jegadeesh, N. and S. Titman. 1993. Returns to buying winners and selling losers: implications for stock market efficiency. *Journal of Finance* 48: 65-91

一些投资异象对于有效市场假说提出了挑战，而 Jegadeesh and Titman（1993）发现的动量效应就是这些最重要的异象之一。该文发现，买进过去市场表现好的公司的股票并卖出过去市场表现差的公司的股票的投资策略，在 3～12 个月的持有期内会产生显著正的回报率（动量策略回报）。也就是说，过去 3～12 个月内市场表现好的股票在以后 3～12 个月内会继续表现好；而过去 3～12 个月内市场表现差的股票在以后 3～12 个月内会继续表现差。同时，这些投资策略的盈利能力不是由于它们的系统性风险造成的，也不是由于股票价格对共同因素的滞后反应造成的；部分产生于投资组合形成后第一年的超额回报率在接下来的两年里消失；过去市场表现好的公司和差的公司在盈余公告前后的回报率具有同样的特征。这篇文章所发现的现象被称为“动量效应”，是实证金融学最重要的发现之一。

这篇文章研究的核心问题是，根据股票过去市场表现选择股票的交易策略是否会影响投资回报。该文认为，通过检验这些交易策略的获利能力可以检验市场的有效性。本文的假设是：如果动量效应存在，则说明市场是无效的。该文主要通过两个层次对这一假设进行检验。首先，为构建可检验的假设，该文通过分析加权相对强弱策略（weighted relative strength strategy, WRSS）组合模型把动量回报分解为三个部分①；其次，分别考察 WRSS 组合预期回报与这三个部分之间的关系，看动量效应是否存在。

① 加权相对强弱策略最早被 Lehmann（1990）及 Lo and MacKinlay（1990）提出，用于分析市场有效性和针对股票市场过度反应的反向投资策略回报。

文章选取1965—1989年间的CRSP股票日回报率数据，把投资组合形成之前3～12个月内回报率数据可获得的股票都包含在样本内，从这些样本数据中构建买卖投资组合。文章对假设进行两个层次的检验，首先检验WRSS组合回报是否来源于式（1）中的前两项，实证结果发现是否定的，但实证证据不能确定WRSS组合回报是否来源于式（1）中的第三项，还可能来源于一些股票对因子实现回报的滞后反应；然后，通过实证检验否定了股票对因子实现回报的滞后反应。这样文章就证明了WRSS组合回报来源于最后一项，说明动量效应存在，所以市场是无效的。

该文主要通过两个层次来检验有效市场假说。

首先，该文采用单因素模型将WRSS组合的预期回报分解为三个部分：

$$E\{(r_{it}-\bar{r}_t)(r_{it-1}-\bar{r}_{t-1})\}=\sigma_u^2+\sigma_b^2\mathrm{Cov}(f_t,f_{t-1})+\overline{\mathrm{Cov}_i}(e_{it},e_{it-1}) \quad (1)$$

式中，σ_u^2，σ_b^2 分别表示组合中股票预期回报的横截面方差和因子敏感性；f_t 表示在 t 期影响所有股票回报的共同因素；e_{it} 表示在 t 期与公司自身情况相关的回报率。

式（1）中右边第一项 σ_u^2 表示WRSS组合预期回报有一部分来源于股票预期回报的横截面分散性。直觉上，由于实现的回报中包含与预期回报相关的成分，因此过去回报高的股票被预期未来的回报也高。式（1）中右边第二项 $\sigma_b^2\mathrm{Cov}(f_t, f_{t-1})$ 表示WRSS组合预期回报有一部分来源于因子序列相关性。如果因子组合回报具有正的序列相关性，即因子组合回报具有动量，那么WRSS组合就可以通过选择具有高因子敏感性的股票，利用这些因子组合回报动量，来实现超额回报。式（1）中右边第三项 $\overline{\mathrm{Cov}_i}(e_{it},e_{it-1})$ 表示WRSS组合预期回报有一部分来源于股票自身特有的序列相关性。

识别这三种回报来源对于判断动量效应是否存在、市场是否有效非常重要。如果WRSS组合回报来源于前两项，则可以认为WRSS组合回报是对其所承担系统风险的补偿，不能说明市场是无效的；如果WRSS组合回报来源于最后一项，则说明动量效应存在，说明市场是无效的。

其次，该文分别考察WRSS组合预期回报与式（1）右侧三个部分之间的关系，检验动量效应是否存在。

第一，检验动量策略是否系统性地选择高风险股票并受益于式(1) 中右边第一项。文中采用常用的表示系统风险的两个指标：10 个（6 个月/6 个月）动量组合的排序后的 β 和这些组合中股票的平均资本总额。实证结果发现，股票历史回报率最低组合的 β 高于全样本平均的 β。另外，历史回报率低组合的 β 高于历史回报率高的组合，零成本回报率高的组合减去回报率低的组合的 β 为负值。不同组合的股票平均资本总额表明，股票历史回报率最高和最低的组合中的资本总额小于总体平均水平，而历史回报率较低组合的资本总额又小于历史回报率较高的组合。这些证据说明，观测到的动量回报不是由于式（1）中的第一项造成的，因为如果是第一项造成的，过去的赢家的未来回报率将低于而不是高于输家的未来回报率。

第二，检验 6 个月回报率的序列协方差以评价式（1）中第二项和第三项对动量回报的潜在影响。大量股票等权组合的序列协方差是：

$$\mathrm{Cov}(\bar{r}_t, \bar{r}_{t-1}) = \bar{b}_i^2 \mathrm{Cov}(f_t, f_{t-1}) \tag{2}$$

从式（2）可知，如果动量回报来源于因子相关回报率的序列协方差，那么样本内等权指数回报率的序列协方差应该是正值。但实证检验发现，等权指数的 6 个月回报率的序列协方差是负值，根据式（1），这减小了动量回报。这一证据表明，因子组合回报率的序列协方差不可能是动量回报的来源。

实证检验发现，单只股票市场模型残差的序列协方差的平均估计值为正值。但从这一结果并不能说明动量回报一定来源于股票对公司特定信息的反应不足，股票对因子变现的滞后反应也会导致同样的结果。

第三，在前面两个方面的假设检验中，已发现的证据表明动量回报不是来源于式（1）的前两项，但由上一步检验可知，不能确定动量回报是来源于式（1）的第三项，还是来源于股票价格的“lead-lag”关系。如果动量回报完全来自于股票的“lead-lag”效应，它应该与因子组合回报率的平方正相关。如果股票价格对因子变化做出的非有效反应是动量回报的重要来源，那么，大的因子变化将带来大的 WRSS 回报。如果“lead-lag”效应不影响动量回报，那么，观测到的负的市场指数时间序列协方差暗示 WRSS 回报与因子组合回报率的平方负相关。可检验模型如下：

$$r_{pt,6}=\alpha_i+\theta r_{mt,-6}^2+u_{it} \tag{3}$$

实证检验结果发现 θ 显著为负值，这说明“lead-lag”效应不是动量效应的一个重要来源，因此断定动量回报来源于市场对公司特定信息的反应不足。

这说明动量效应的存在，从而证明市场是无效的。

为了增强说服力，该文还从不同方面如公司规模和过去估计的 β、不同月份和更长时期、事件公告时期等，进一步检验证明了动量效应的存在。

这篇文章对市场有效假说形成严重挑战，带动了对动量效应的研究，大大丰富了金融学研究。但我们也应该看到，本文还存在一些值得商榷之处。

首先，Lee and Swaminathan（2000）对 Jegadeesh and Titman（1993）关于市场对公司特定信息的反应不足是动量回报的来源的观点提出质疑，他们发现，在 3～5 年期内，最初市场表现好的股票组合市场表现低于最初市场表现差的股票组合获利。这一发现说明股票价格动量并不是一个简单的市场反应不足，而是说明，至少有部分动量回报更可能来源于市场过度反应。

其次，Lesmond et al.（2004）指出，虽然 Jegadeesh and Titman（1993）认为动量组合回报超过交易成本，但该文对交易成本的估计是不恰当的，原因有如下几点：第一，交易成本表现出很大的横截面差异，利用 NYSE 交易加权度量的交易成本标准不适合以规模小、市场表现异常的股票为主的动量策略；第二，单一时期成本的度量不能刻画长样本期间交易成本在时间序列上的巨大差异；第三，这种估计方法低估了投资者全部交易成本，因为它把买卖价差、税收、卖空成本和持有期风险等重要的交易成本排除在外；第四，动量回报的绝大部分是由市场表现差的股票获利，而从市场表现较差的股票中获利需要维持卖空仓位，忽略这些投资策略中的卖空成本需要特别关注；第五，动量策略是交易密集性的。标准的 Jegadeesh and Titman（1993）6 个月投资策略是买进市场表现最好的 10％股票，卖出市场表现最差的10%股票，这种策略半年的回报率大约是6%，且每6个月持有期需要进行四次交易，实现超额回报需要每次交易成本低于1.5%，这大大低估了交易成本。基于这些原因，Lesmond et al.（2004）认为，没有证据可以拒绝无套利行为，不能否定有效市场理论。

尽管Jegadeesh and Titman（1993）的文章存在一些值得推敲之处，但该文所发现的动量效应已经受到学术界的广泛关注（Lesmond et al.，2004；张峥、徐信忠，2006），这些年来动量效应一直是资本市场研究的重要内容之一。由于中国资本市场还不太成熟，国内关于动量效应的研究仅限于是否存在动量效应（王永宏、赵学军，2001；周琳杰，2002；张峥、欧阳红兵、刘力，2005；徐信忠、郑纯毅，2006）。我们相信，随着中国资本市场的发展，我国学者将会在这一领域进行更深入的研究。

参考文献

Lee Charles M. C.，and Swaminathan B.. 2000. Price Momentum and Trading Volume. *The Journal of Finance* 55（5）：2017-2069

Lehmann，B.. 1990. Fads，Marketingales and Market Efficiency. *Quarterly Journal of Economics* 105：1-28

Lesmond D. A.，Schill，M. J.，and Zhou Chunsheng. 2004. The Illusory Nature of Momentum Profits. *Journal of Financial Economics* 71：349-380

Lo，A.，and MacKinlay，A. C.. 1990. When Are Contrarian Profits Due to Stock Market Overreaction? *The Review of Financial Studies* 3：175-205

王永宏，赵学军. 中国股市"惯性策略"和"反转策略"的实证分析. 经济研究，2001（6）：56-61

张峥，欧阳红兵，刘力. 股价前期高点、投资者行为与股票回报——中国股票市场的经验研究. 金融研究，2005（12）：40-54

徐信忠，郑纯毅. 中国股票市场动量效应成因分析. 经济科学，2006（1）：85-99

张峥，徐信忠．行为金融学研究综述．管理世界，2006（9）：155-167

周琳杰．中国股票市场动量策略盈利性研究．世界经济，2002（8）：60-64

3.6 盈余公告后的价格漂移：反应滞后还是风险溢价？

Bernard，Victor L.，and Jacob K. Thomas. 1990. Post-earnings-announcement drift：delayed price response or risk premium? *Journal of Accounting and Economics* 13：305-341

会计盈余信息对资本市场的影响举足轻重，两者之间的关系备受理论界关注。Ball and Brown（1968）首次注意到盈余公告后股票价格漂移现象："好消息"公司的累积超额回报在盈余公告前后持续向上浮动，"坏消息"公司则持续向下，分别呈漂移状。Foster et al.（1984）实证验证了漂移的存在。漂移现象在极大程度上挑战了Fama（1970）有效市场假说。根据该假说，有效市场会及时正确地对盈余这类高度公开化信息做出调整，使价格等于价值，超额回报不存在。而事实上，盈余公告后价格存在漂移，价格对盈余信息的反应不充分，只要采取惯性投资策略（认为未来的表现会同过去一样），就能获取相当的超额回报。

文章开篇指出，理论界对于价格漂移有两大类解释：（1）"风险溢价"观，如Ball（1978）指出的研究设计中用来计算超额回报的模型CAPM没有对风险做充分的调整；（2）"滞后反应"观，即价格对盈余信息的反应并不是充分、及时的，而是滞后的，从而造成价格按照盈余消息好坏的方向漂移，逐渐吸收信息的价值内涵。文章的核心就在于深入探究以上两种观点的解释力度，找出价格漂移的内在原因。在分别从不同的角度对两类解释加以考察的基础上，研究结果否定了"风险溢价"观，肯定了价格反应滞后。另外，文章提出了价格滞后反应的具体解释：市场未能充分反映当期盈余对未来盈余的预测作用。

研究选取1974—1986年美国纽约证券交易所84 792个公司季度数据为样本。研究中的重要变量有超额回报、累积超额回报、标准化未预期盈余以及样本公司的分组。定义公司j在第t天的超额回报$AR_{jt}=R_{jt}-R_{pt}$①，将超额回报在要考察的期间内加总得累积超额回报；采用Foster（1977）模型预测盈余，预测标准差除真实盈余与预测盈余之差得标准化未预期盈余(standardized unexpected earnings，SUE)；根据本季度SUE相对于上季度SUE的分布将样本公司分为10组，第10组SUE最大，为好盈余消息组；第1组最小，为坏盈余消息组，然后计算每组组内的累积超额回报。作者提出两种零投资交易策略："FOS控制组合SUE策略"和"连续平衡SUE策略"，投资回报均为买入好消息组（第10组）和卖空坏消息组（第1组）的回报加总。研究结果主要基于第一种策略，同时给出基于第二种策略的结果做比较。

研究思路如下：首先，剖析漂移现象本身。用所选样本重现Foster et al.（1984）的研究，发掘漂移的特征，为下文提供基础。然后，验证两类观点的解释力度。文章没有明确提出假设，而是在极强理论推理引导下，分别从不同的角度来看有关漂移的实证结果和两类观点及其推论是否一致，并以此作为判断的依据。研究内容包括实证发掘价格漂移的特征、从风险溢价角度解释价格漂移和从价格滞后反应角度解释价格漂移三大部分。

3.6.1 实证发掘价格漂移的特征

研究发现买入高SUE组合，卖空低SUE组合能带来18%的年超额回报。Foster et al.（1984）认为价格漂移程度与公司规模负相关，作者的结论类似：对应大、中、小规模公司，买入卖空策略在盈余公布后60个交易日区间内分别能获得2.8%，4.5%和5.3%的投资回报。

大部分漂移发生在盈余公告后60个交易日内，在180个交易日后不再显著。小规模公司所有的漂移发生在9个月内，大公司为6个月。这说明如

① R_{jt}为公司j在第t天的回报；R_{pt}为根据普通股的市场价值将公司分组，公司j所在组第t天的组内等权回报值。

果漂移是不完全风险调整导致的风险溢价，那么这种风险是暂时的，且对于小公司而言更有持久性。

3.6.2　从风险溢价角度解释价格漂移

1. β值的变动

Ball et al.（1988）认为未预期盈余高的公司β值变大，未预期盈余低的公司β值变小，因此如果假定公司β值不变，则说明未能完全把握公司的风险。作者采用 Sharpe-Lintner-Mossin CAPM 模型估计各 SUE 组合在盈余公告 60 个交易日窗口的β值，得到了与 Ball et al.（1988）大体一致的结论(见原文表 2)：SUE 与β值正相关；相关关系有暂时性，在 180 个交易日后不再存在。

然而，作者指出高 SUE 组合与低 SUE 组合的β值相差太小（0.21），不足以解释投资的超额回报。而且，如果β值中包含的风险能够完全解释漂移，那么上述 CAPM 模型中的 a 为零，这在研究中不成立。所以，β值变动不能解释漂移。

2. 其他风险因素

Chen et al.（1986）提出多因子套利定价模型，认为与行业生产力、风险补偿金等相关的风险均会在证券定价中有所体现。文章将投资回报与 Chen et al.（1986）的多因子（行业生产力的未预期增长、风险补偿金的未预期变化、期限结构的未预期变化、预期通货膨胀的变化和未预期通货膨胀的变化）进行回归。如果股价没有对这些因素做出充分调整而产生了漂移现象，那么这些因素对于股价应该有一定的解释力度。这一点没有能够证实，如原文表 3 所示。

另外，Brennan（1970）提出的“税后”CAPM 模型认为股利回报会影响定价。基于此，未将股利回报考虑在内计算出的超额回报会造成盈余公告后的漂移，前提条件是“好信息”公司和“坏消息”公司在股利回报上要有足够大的差异，这在研究样本中不成立。

3. 投资策略持续盈利的检验

如果一个零投资策略由于其风险性产生正的平均回报，那么风险将会周期性地以损失的形式表现出来。研究结果不支持这一推论：FOS 控制组合 SUE 策略下，50 个季度中的 46 个回报为正；连续平衡 SUE 策略下，50 个季度中的 44 个回报为正。

4. “坏消息”公司的投资回报

从原文表 4 可看出，“坏消息”公司的回报低于无风险利率，甚至为负。要用 CAPM 计量误差来解释表 4，要求“坏消息”公司的 β 值接近零，而且在盈余公告后较短时间内小规模和中等规模股票的 β 值为负，或者这些股票对冲未知风险的套期保值价值致使其未来现金流在盈余公告 5 天内以低于无风险利率的值折现，并在未来 2 个月保持如此低的折现率。

前者与原文表 2 结果冲突，后者对包含大量股票的组合而言难以成立。

3.6.3 从价格滞后反应角度解释价格漂移

1. 交易成本

如果交易成本造成市场对盈余公告的滞后反应，那么较大超额回报会吸引投资者进行交易，纠正市场偏差。在超额回报小于交易成本时，则不会有交易发生，错误定价继续存在，表现为漂移，直至超额回报达到交易边际成本，交易才会进行，漂移达到上限。

研究通过将样本按照 SUE 排序，并逐步分为更为极端的组合（2 组，3 组，…，100 组），每一次划分都采取买入卖空策略，计算超额回报。结果验证了漂移上限的存在（见原文图 6），同时验证了 Stoll and Whaley（1983）提出的交易成本与公司规模负相关。

另外，由于卖空面临更大限制，如果交易成本能解释盈余公告后漂移，那么卖空“坏消息”公司的超额回报将大于买入“好消息”的公司。这一点在研究中没有取得支持性证据。

2. 市场未能充分反映当期盈余对未来盈余的指示作用

Foster（1977）指出，差分季度盈余数据在时间序列上正自相关。有效市场在 t 期基于当期盈余信息能够对 $t+1$ 期盈余做出正确预期，在 $t+1$ 期盈余公布时的平均市场价格反应应该不显著。

原文表5的研究结果表示，基于 t 期的SUE，可以预期市场对 $t+1$ 期盈余的反应：t 期SUE较高，在 $t+1$ 期市场对盈余仍有正向反应；反之亦然。另外，漂移集中于下一个季度公告前5天。这些现象除非是市场没有完全挖掘出当期盈余对未来盈余的指示性，否则难以解释。

综上所述，文章否定了“风险溢价”观，一定程度上肯定了“滞后反应”观。但对于后者同样提出了一些未解决的问题：既然超额回报小于交易成本，为什么盈余公告后仍有交易进行？在盈余公告后初次交易时，市场上的专家和“市场做市商”为什么没将价格定在更合理的水平？为什么漂移没有被不面临佣金和买卖价差等的交易者消除？如果交易成本造成了漂移的产生，为什么大部分漂移集中在下季度盈余公布时？这些问题有待进一步挖掘。

另外，在研究设计和研究思路上，文章仍存在一些值得改进的地方。

首先，文中所说“盈余”仅指盈余大小，没考虑盈余质量。Sloan（1996）表明盈余的构成（现金流和应计项目）会极大地影响盈余质量。如果考虑盈余质量，研究结果是否会有差异？Chan et al.（2006）在考察盈余与回报的关系时，加入应计项目来衡量盈余质量。结果发现在提高应计项目时，负超额回报的比例大大增加，而不论未预期盈余的大小。

其次，文章没有遵循通常的实证研究思路，而是分别独立考察某一特定的角度能否用来解释盈余公告后漂移。虽然论证层次清晰、易于接受，但也不可避免地带来问题。漂移可能是多种因素共同作用的结果，而文章完全独立分析各种原因：在某种特定原因下，如果基于样本的实证结果与理论推理不相符，则否定这一原因，完全没有考虑各种可能原因之间的相互作用。如果在验证某一方面作用时，将其他因素的作用尽量排除，研究结论将更可靠。

最后，研究只是表明实证结果和滞后的价格反应一致，而没有从理论上严格论证如何用滞后的价格反应解释盈余公告后的漂移。这在 Bernard and Thomas（1990）中有所解决，认为投资者的行为是幼稚的，只是利用随机游走模型来预计未来的盈余变化，不能充分认识到季度盈余在时间序列上的正自相关关系，导致市场对盈余信息的反应不足。Bartov（1992）和 Bhattacharya（2001）等针对投资者的特征（类型、财富状况等），对市场反应不足做了进一步的探讨。相信未来针对盈余公告后漂移的研究会取得更深层次的成果。

参考文献

Ball，R.. 1978. Anomalies in Relationship Between Securities' Yields and Yield-Surrogates. *Journal of Financial Economics* 9：103－126

Ball，R. and P. Brown. 1968. An Empirical Evaluation of Accounting Income Numbers. *Journal of Accounting Research* 4：159－178

Bhattacharya N.. 2001. Investors' Trade Size and Trading Responses around Earnings Announcements：An Empirical Investigation. *The Accounting Review* 4：221－244

Brennan，M. J.. 1970. Taxes，Market Equilibrium，and Corporate Financial Policy. *National Tax Journal* 12：417－427

Chan，K.，L. K. C. Chan，N. Jegadeesh，and J. Lakonishok. 2006. Earnings Quality and Stock Returns. *Journal of Business* 79：1041－1083

Fama，E. F.. 1970. Efficient Capital Markets：A Review of Theory and Empirical Work. *Journal of Finance* 5：383－417

Foster，G.. 1977. Quarterly Accounting Data：Time Series Properties and Predictive-Ability Results. *The Accounting Review* 1：1－21

Sloan，R. G.. 1996. Do Stock Prices Fully Reflect Information in Accruals and Cash Flows about Future Earnings? *The Accounting Review* 71：289－315

Stoll，H.，and R. Whaley. 1983. Transactions Costs and the Small Firm Effect. *Journal of Financial Economics* 6：57－80

3.7 股票价格是否完全反映了应计项目和现金流中关于未来盈余的信息？

Sloan, Richard. G.. 1996. Do stock prices fully reflect information in accruals and cash flows about future earnings? *The Accounting Review* 71：289-315

会计盈余在证券定价中的作用是会计研究中一个根本性的重要问题（Ball and Brown，1968；Watts and Zimmerman，1986；Beaver，1998）。以前的研究发现，应计项目在证券定价方面具有重要地位（Bowen et al.，1987；Dechow，1994；Subramanyam，1996）。Sloan（1996）通过区分现金流和应计项目的信息含量将这个领域的文献更推进了一步，这篇文章也是会计研究中经典的以会计信息为基础的投资策略研究。该文发现应计项目比重较大的公司，以后的盈余会有系统性的降低；而投资者不能完全理解会计利润中应计部分和现金部分对预测未来收益的能力的不同，只是功能锁定在盈余数字上面，因而高估了应计项目比较大的企业的价值，低估了现金流比较大的企业的价值。这样，一个买入现金利润高的企业的股票，卖空应计利润高的企业的股票的对冲策略在未来一年可以取得超过10%的超额投资回报。这篇文章发现的这种现象也被称为“应计异象”，是会计研究最重要的发现之一，也是被引用最多的会计学文章之一。[①]

这篇文章研究的核心问题，正如其题目一样，是股票价格能否完全反映应计项目和现金流中关于未来盈余的信息。作者采用渐进的方法对这个问题进行了完整的分析。首先，文章分析了盈余的两个构成要素，即应计项目和现金流的比重对盈余持续性的影响；然后，作者从市场角度出发，看股票价格是否能够完全反映这种由应计项目和现金流相对比重对盈余持续性造成的影响。

---

① 截至2013年9月，这篇文章已经在SCI（Social Science Index）中被引用了511次。

这种渐进的方法可以从两个基本假设中得到体现。

文中的第一个假设为：盈余持续性随着盈余中应计项目部分的增加而降低，随着盈余中现金流部分的增加而增加。第一个假设是基于前人对应计项目和现金流对未来盈余的认识而提出的。无论是 Graham，Dodd and Cottle（1962），还是 Bernstein（1993）都认为应计项目和现金流，虽然都作为盈余的组成部分，但是其对于未来盈余预测的含义是不同的。如果盈余的大部分都是应计项目，而不是现金流构成的，盈余就很难在下一期得到持续。其中的原因是由于现金流相对于应计项目来说更不容易受到操纵，而权责发生制的会计系统，由于受到依赖于应计项目、递延项目、分摊和其他一些需要估计的事项影响，因而受到操纵的可能性比现金流更大，准确性也就更低（Bernstein，1993）。因此一些分析师认为，当现金流在盈余中占的比例越大时，盈余的质量就越高。同样的看法也出现在 FASB（1980，54 段）中，其中就强调了现金流信息在企业财务报表中的重要性。

文中的第二个假设分为三个部分。第一部分是：股票价格包含的盈余预期没有充分反映由于现金流部分引致的盈余较高的持续性和应计项目部分引致的盈余较低的持续性。第二部分是：买进相对较低的应计项目的公司股票，卖出相对较高的应计项目的公司股票的交易策略能够得到正的超额投资回报。第三部分是：第二部分中预测的超额投资回报聚集在未来的盈余披露日。在这三个部分当中，第一部分是假设 2 的核心，而第二、三部分则是第一部分的延伸和补充。由于一些文献发现投资人不能正确运用已知信息预测未来盈余（Ou and Penman，1989；Bernard and Thomas，1990；Hand，1990；Maines and Hand，1996），因此，投资人很可能功能锁定在报告盈余的数字上，而不能辨别其中应计项目和现金流所包含的信息。由于投资人只重视盈余数字，因此他们会倾向于高估应计项目较高的股票，而低估应计项目较低的股票，这样构建一个买进应计项目较低、卖出应计项目较高股票的投资组合就应该可以获得超额投资回报。最后，由于当未来盈余报告比预期的低或者高时，这种错误定价才会得到纠正，因此作者预计第二部分中预测的超额投资回报聚集在未来的盈余披露日。

文章选取了 1962—1991 年 30 年间 Compustat 和 CRSP 的数据，并剔除

了金融类公司，最后得到了 40 679 个公司年度观测。文中最重要的三个会计变量为盈余、应计项目和现金流。对于盈余的定义为持续经营的利润，应计项目通过流动资产、流动负债的变化和折旧、摊销费用计算得到，而现金流则为盈余和应计项目的差值。为了便于不同规模公司的比较，将这三者都除以平均总资产进行标准化，而股票回报采用会计年度结束后 4 个月～12 个月期间的 buy-hold 回报。超额回报采用了规模调整和市场调整两种方法计算。

对于假设 1 的检验，即验证

$$\text{Earnings}_{t+1}=\gamma_0+\gamma_1\text{Accruals}_t+\gamma_2\text{CashFlows}_t+\upsilon_{t+1}$$

中是否 $\gamma_1<\gamma_2$。如果应计项目的系数（γ_1）比现金流系数（γ_2）小，就说明如果盈余持续性较低，则是由于其中的应计项目引起的。结果发现，无论分行业回归，还是整体样本的回归，都显示应计项目的系数比现金流要小，而且这种差异是显著的。这也就验证了假设 1。另外，原文图 1 以另外一种方式说明了假设 1：将所有的公司年度分别按照盈余、应计项目和现金流分为 10 组。按照盈余分组的公司，均值回归（mean-reversion）比较缓慢，大概需要 5 年左右的时间；按照应计项目分组的公司，均值回归非常迅速，大部分回归都集中在第 1 年，在 3 年左右的时间大概就完成了这个过程；按照现金流分组的公司，均值回归是最慢的，即使经过了 5 年，还有大部分没有实现均值回归。这也进一步说明，盈余中的现金流比应计项目具有更大的持续性。

对于假设 2 的检验主要采用 Mishkin（1983）检验的方法。即检验这样一组联立等式：

$$\begin{aligned}\text{Earnings}_{t+1} &= \gamma_0+\gamma_1\text{Accruals}_t+\gamma_2\text{CashFlows}_t+\upsilon_{t+1}\\ \text{AbnormalReturn}_{t+1} &= \beta(\text{Earnings}_{t+1}-\gamma_0-\gamma_1^{*}\text{Accruals}_t\\ &\quad -\gamma_2^{*}\text{CashFlows}_t)+\varepsilon_{t+1}\end{aligned}$$

如果市场是有效的，也就是说，如果投资者能够辨别蕴含在应计项目和现金流中对未来盈余持续性的信息，就应该可以看到 $\gamma_1=\gamma_1^{*}$ 和 $\gamma_2=\gamma_2^{*}$ 。对这组联立方程的预测采用迭代加权非线性最小二乘法，并采用一个近似 $\chi^2(q)$ 分布的似然比统计量 $2n\log(SSR^c/SSR^u)$ 来检验市场的有效性。① Mishkin (1983) 检验发现，$\gamma_1<\gamma_1^*$ 和 $\gamma_2>\gamma_2^*$，并且这种差别是显著的。也就是说，投资者高估了应计项目的持续性而低估了现金流的持续性，即支持了假设 2 的第一部分。对于假设 2 第二部分的检验，文章构建了一个套利模型，即按照年度将公司根据应计项目划分成 10 组，然后分别计算这 10 组在以后三年的超额回报。结果发现，这种投资策略在第一年可以获得 10.4%的超额回报，第二年可以获得 4.8%的超额回报，且都显著为正。这也支持了假设 2 的第二部分。对于第三部分的检验，作者进一步将第二部分中获得的超额回报分为公告期间的回报和非公告期间的回报②，并发现尽管公告期间占所有交易期间的比重不到 5%，却聚集了超过 40%的超额回报。这也支持了假设 2 的第三部分。

这篇文章对于会计研究的贡献再怎么强调可能都不为过。例如，其中使用的 Mishkin (1983) 检验也成为以后的文献检验盈余成分是否被市场正确定价的经典方法。但同时我们也应该看到，文章尚有一些值得进一步探讨的地方，文章的结论也受到了一些质疑。

首先，在研究设计方面，美国从 1988 年开始披露现金流量表，由于无法获取直接的现金流数据，并由此计算应计项目数据，使得文章对于现金流和应计项目的计算可能存在严重问题。Drtina and Largay (1985) 发现，通过资产负债表计算应计项目的方法会导致严重错误，尤其是当一个公司有兼并、收购或者分拆情况发生时。Collins and Hribar (2000) 也指出，直接通过现金流量表计算的现金流会比资产负债表法更准确。

其次，Fairfield, Whisenant and Yohn (2001) 对 Sloan (1996) 提出了质疑，他们的理由是，应计项目包含的信息主要和公司的增长率而不是盈余质量相关。他们发现，在控制了利润率后，净营运资产增长率的两个部

① 式中，q 为系统规定参数的个数；n 为进入回归的观测数目；SSR^c 为受限加权系统的残差平方和；SSR^u 为未受限加权系统的残差平方和。

② 公告期间的回报为第 0 年到第 3 年四个公告日三天的累计回报，这三天为公告日前的两天至公告日。

分——应计项目和长期净营运资产的增长，与前一年的资产收益率有同样的负相关关系。因此，应计项目相对于现金流的低持续性可能不是由于盈余管理引起的，而是由于增长对未来利润率的影响造成的。

再次，Francis and Smith（2003）对 Sloan（1996）的结果从时间层面和公司层面进行了质疑。他们认为 Sloan（1996）对于应计项目的度量包含了不影响当期利润的交易，这样就会对应计项目的持续性估计产生向下的误差，对现金流持续性的估计产生向上的误差。剔除这些不影响当期利润的交易后，他们发现应计项目和现金流持续性的差异要明显小很多。公司层面的回归结果显示，超过85%的公司，应计项目的系数和现金流的系数没有显著差异，因此，应计项目并没有降低盈余的持续性。

最后，Kraft，Leone and Wasley（2006）发现在很多研究应计异象的文章中存在“向前看”偏差（look-ahead bias）。研究应计异象的文章都要求下一年应计项目数据是存在的。[①] 但其是否真正存在，在我们构建投资组合的时候是不知道的，所以这些文章所报告的超额回报都不是一个可以执行的交易策略所得到的结果。而且，缺失未来应计项目数据的公司也没有随机选取。他们发现，在这种偏差存在时，从低应计项目组合获取的超额回报为4.2%，但是剔除这种偏差以后，仅为1.8%。基于这些原因，他们发现超额回报和应计项目呈现一个反转的U形关系，这显然和功能锁定理论的推断不符合。

尽管 Sloan（1996）在发表后的10年间有支持，也有质疑，但这也正说明了它的魅力。关于应计异象的讨论从来没有停止过，我们也相信未来在更深层面上对这个问题的研究还会不断涌现。

参考文献

Ball，R. and P. Brown. 1968. An Empirical Evaluation of Accounting Income Numbers. *Journal of Accounting Research* 6：159－178

Beaver，W.. 1998. *Financial Reporting：An Accounting Resolution.*

① 例如破产就是导致未来应计项目数据缺失的一个原因。

3rd Edition. Upper Saddle River，NJ：Prentice Hall

Bernard，V.，and J. Thomas. 1990. Evidence that Stock Prices Do Not Fully Reflect the Implication of Current Earnings for Future Earnings. *Journal of Accounting Research* 13：305－340

Bernstein，L.. 1993. *Financial Statement Analysis*. 5th ed. Homewood，IL：Irwin

Collins，D. and P. Hribar. 2000. Earnings-based and Accrual-based Anomalies：One Effect or Two? *Journal of Accounting and Economics* 29：101－123

Dechow，P.. 1994. Accounting Earnings and Cash Flows as Measures of Firm Performance：The Role of Accounting Accruals. *Journal of Accounting and Economics* 18：3－42

Drtina，R. E.，and J. A. Largay，III. 1985. Pitfalls in Calculating Cash Flow from Operations. *The Accounting Review* 60：314－326

Fairfield，P.，S. Whisenant and T. Yohn. 2003. The Differential Persistence of Accruals and Cash Flows for Future Operating Income Versus Future Profitability. *Review of Accounting Studies* 8：221－243

Francis，J. and M. Smith. 2003. A re-examination of the Persistence of Accruals and Cash Flows. Working Paper. Duke University

Graham，B.，D. Dodd，and S. Cottle. 1962. *Security Analysis：Principles and Techniques*. New York，NY：McGraw-Hill

Hand，J.. 1990. A Test of the Extended Functional Fixation Hypothesis. *The Accounting Review* 65：740－763

Kraft，A.，Leone，A.，and C. Wasley. 2006. An Analysis of the Theories and Explanations Offered for the Mispricing of Accruals and Accrual Components. *Journal of Accounting Research* 44：297－339

Maines，L.，and J. Hand. 1996. Individuals'perceptions and Misperceptions of the Time Series Properties of Quarterly Earnings. *The Accounting Review* 71：317－336

Mishkin, F.. 1983. *A Rational Expectations Approach to Macroeconometrics: Testing Policy Effectiveness and Efficiency Market Models*. Chicago, IL: University of Chicago Press for the National Bureau of Economic Research

Ou, J., and S. Penman. 1989. Financial Statement Analysis and the Prediction of Stock Returns. *Journal of Accounting and Economics* 11: 295-330

Sloan, R.. 1996. Do Stock Prices Fully Reflect Information in Accruals and Cash Flows about Future Earnings? *The Accounting Review* 71: 289-315

Subramanyam, K. R.. 1996. The Pricing of Discretionary Accruals. *Journal of Accounting and Economics* 22: 249-282

Watts, R. L., and J. L. Zimmerman. 1986. *Positive Accounting Theory*. Englewood Cliffs, NJ: Prentice Hall

3.8 会计稳健性、盈余质量和股票回报

Penman, S. and X. Zhang. 2002. Accounting conservatism, the quality of earnings, and stock returns. The Accounting Review 77: 237-264

会计计量方法对盈余质量[①]的影响是会计研究的一个重要方面，以前这方面的研究，多集中于会计政策和估计的变更对盈余质量的影响（Healy and Wahlen，1999），包括探讨总应计（Total Accruals，Healy，1985）、非正常应计（Discretionary Accruals，Jones，1991）等的相关研究。Penman and Zhang（2002）则提出，即使会计政策和估计的实施保持前后一致性，仍然会对盈余质量产生影响。该文发现，公司在实施稳健的会计政策时，投资变化会影响盈余质量，投资增加会减少当期盈余，创造盈余储备，增加未

① 本文对盈余质量的定义为：损益表中的报告盈余在扣除非常项目之后，对未来盈余有好的指示作用，这样的盈余有好的质量。

来盈余；投资减少则释放这些储备，从而增加当期盈余，减少未来盈余。如果投资变化是暂时的，当期盈余的变化就是暂时性的增加或减少，则当期盈余对未来盈余就没有很好的预测作用。但是投资者不能完全理解投资和稳健性会计对盈余质量所产生的影响，只是功能锁定在盈余数字上面。这篇文章从一个新的视角研究会计盈余的质量，揭示了现有稳健性会计的弊端，发现并证明了会计报表中对未来盈余有指示作用的信息并将其量化为数量指标，为逐渐兴起的财务报表分析和基本面分析做出了重要贡献，对有效市场假说构成了一个挑战。

这篇文章研究的核心问题，正如其题目一样，是会计稳健性与盈余质量、股票回报之间的关系。作者提出了两个问题：第一，会计稳健性和投资的变化是否会引起盈余的短期波动？第二，股票市场能否正确识别盈余的短期波动从而合理定价？作者采用渐进的方法对这两个问题进行了完整的分析。

首先，文章分析了会计稳健性和投资对投资回报的影响，并分别将会计稳健性和盈余质量量化为数量指标 C-Score 和 Q-Score。

以存货为例，假定存货的市场价随时间上升，则后进先出法较先进先出法更为稳健。当存货购买量相对于销量增长时，即存货的投资增加时，后进先出法下所产生的盈余要低于存货投资不变时的情形，即此时后进先出法增加了盈余储备；当存货量减少时，即存货投资减少时，后进先出法创造的储备开始释放出来，增加当期盈余和资本回报。其他一些会计处理方法如加速折旧法、研发支出和广告支出费用化等也是同样的道理，即在稳健性会计处理方法下，当投资增长率提高时，盈余储备增加，当期盈余和资本回报减少；当投资增长率降低时，释放储备，当期盈余和资本回报提高。

稳健性指标 C-Score 为：

$$C_{it}=\frac{ER_{it}}{NOA_{it}}$$

式中，ER_{it} 为盈余储备估计。

为了区分由于会计估计变更所产生的储备和会计稳健性与投资变化所产生的储备，作者计算了存货、研发和广告三个科目所产生的储备估计（这三个科目的会计处理方法不易受到管理层的操纵）：

$$C_{it}=\frac{INV_{it}^{res}+RD_{it}^{res}+ADV_{it}^{res}}{NOA_{it}}$$

式中，存货储备 INV_{it}^{res} 为在美国会计准则下企业会计报表附注中披露的后进先出法所产生的盈余储备；研发盈余储备 RD_{it}^{res}、广告盈余储备 ADV_{it}^{res} 为将研发支出、广告支出资本化并每年计提摊销额的会计处理方法与直接费用化处理之间的差异；NOA_{it} 是指净营运资产，即资产减负债并扣除金融性资产和负债。

盈余质量指标 Q-Score 为：

$$Q_{it}=0.5\times Q_{it}^{A}+0.5\times Q_{it}^{B}$$

$$Q_{it}^{A}=\frac{ER_{it}}{NOA_{it}}-\frac{ER_{it-1}}{NOA_{it-1}}$$

$$Q_{it}^{B}=\frac{ER_{it}}{NOA_{it}}-industry\_median\frac{ER_{it}}{NOA_{it}}$$

式中，Q_{it}^{A} 为企业盈余储备的变化，也即稳健性指标的变化；Q_{it}^{B} 为企业盈余储备与行业平均盈余储备的差异，也即企业相对于行业平均的稳健性；Q_{it} 为两者的均值，高（正）Q-Score 和低（负）Q-Score 都说明当期盈余质量较差（即利用本期盈余来预测未来盈余的准确性低），只有 Q-Score 为零才说明企业当期盈余质量好（本期盈余可以比较好地预测未来盈余）。

然后，通过描述统计和回归分析来研究盈余质量指数的特性及其对未来资本回报率和股票收益的指示作用。

文章选取了 1975—1997 年 23 年间 COMPUSTAT 和 CRSP（Center for Research in Security Price）的数据，并剔除了金融类公司，计算上述指标，最后得到了 38 540 个公司年度观测，股票回报采用会计年度结束后 4 个月～12 个月期间的持有回报，超额回报采用规模调整的方法计算。

对于第一个问题的验证，本文检验 Q-Score 对核心净营运资产回报率的指示作用，其中核心净营运资产回报率为：

$$Core\text{RNOA}_{it}=\frac{Core\_operating\_income_{it}\times(1-statutory\_tax\_rate_{it})}{average\text{NOA}_{it}}$$

本文将公司年度数据按照 RNOA 分成 10 组，在每组内再根据 Q-Score 分成 3 组，这样将所有公司年度数据分成 3 组，高、中、低 Q-Score 组，对比每组内 RNOA 在分组年度与分组年度之前和分组年度之后的差异。结果发现，不同的 Q-Score 组 RNOA 的走势不同，趋势调整之后的高 Q-Score 组在分组年度之前 RNOA 逐渐降低，这符合前面的分析，即稳健性会计下储备增加时盈余减少，在分组年度之后 RNOA 逐渐提高，即随着储备的释放在未来年度盈余提高，低 Q-Score 组的 RNOA 走势则完全相反。

回归分析中，$RNOA_{t+1}=\alpha_0+\alpha_1 RNOA_t+\alpha_2 Q+e_{t+1}$，结果得到 α_2 显著为正，也说明 Q-Score 对未来盈余有正向的预测作用，符合前文分析。

对于第二个问题的验证，本文构建了一个套利模型（买入高 Q-Score 组，同时卖空低 Q-Score 组），即按照年度和行业将公司根据 Q-Score 划分成 10 组，然后分别计算这 10 组在之前 2 年和之后 5 年的超额回报和套利组回报。结果发现，这种套利投资策略在第一年可以获得 8.95%的超额回报，且显著为正。回归分析中，考虑了 Fama and French（1973）风险因素之后 Q-Score 对下一年度股票回报率的解释能力仍显著为正，说明投资者并未能区分由于储备变化所导致的盈余短期波动，而是功能锁定在报告盈余上。

这篇文章从一个全新的角度提出了异象产生的原因之一，会计稳健性和投资变化的交互作用不为市场投资者所识别，其构造的稳健性指数和盈余质量指数为今后的财务报表分析和预测提供了数量化模型。但同时我们也应该看到，文章尚有值得进一步探讨的地方，文章的结论也受到了一些质疑。

正如作者在文章最后指出的那样，风险的控制问题仍需进一步讨论。高 Q-Score 组和低 Q-Score 组，其未来盈余走势会有变化，但原文并未提到中 Q-Score 组的结果，其未来盈余的走势是否更为稳定，因此，Q-Score 的不同是否与其公司的特有风险相关，对于风险的控制仍然是一个需要进一步讨论的问题。例如周期性，高 Q-Score 和低 Q-Score 是否是各个行业周期的顶峰和低谷，其未来 RNOA 的走势是否在一定程度上受到周期性的影响，而中 Q-Score 是否为周期的中间过渡时期，本文并未提到中 Q-Score 组的未来盈余趋势，也并未对各个行业周期性与 Q-Score 之间的相关关系进行控制。

另外，本文构造的 Q-Score 虽然能够在一定程度上体现盈余的质量，对未来的盈余有一定的指示作用，但是存货、研发支出和广告费用三个科目只是盈余构成中的一部分，因此一定程度上降低了 Q-Score 对于未来盈余的指示作用，其在财务报表分析中的作用也不是十分明显。在实务中，投资增长率的变化更多的是与企业的生命周期、产业的周期相关，因此实务中更多关注周期性所导致的投资增长率变化对未来盈余的影响。

但是，这篇文章从一个新的角度来研究异象，从一个新的角度探讨会计信息在预测收益方面的功用（陆正飞，叶康涛，2007），对现有的会计制度框架提出了质疑，之后的一些文章也从这一角度出发，提出并发现了更多有关会计制度框架的局限性问题并对盈余质量进行了更加深入的探讨。文章对稳健性指标和盈余质量指标的数量化处理，也在一定程度上推动了未来在这些方面的研究工作。

参考文献

Penman, S., and X. Zhang. 2002. Accounting Conservatism, the Quality of Earnings and Stock Returns. *The Accounting Review* 77 (2): 237-264

Healy, P.. 1985. The Effect of Bonus Schemes on Accounting Decisions. *Journal of Accounting and Economics* 7: 85-107

Healy, P. and J. Wahlen. 1999. A Review of the Earnings Management Literature and Its Implications for Standard Setting. *Accounting Horizon* 13 (December): 365-383

Fama, E. and J. Macbeth. 1973. Risk, Return and Equilibrium-Empirical Tests. *Journal of Political Economy* 81 (May/June): 607-636

Fama, E. and K. French. 1992. The Cross-Section of Expected Stock Returns. *Journal of Finance* 47: 427-465

Richard G. Sloan. 1996. Do Stock Prices Fully Reflect Information in Accruals and Cash Flows about Future Earnings? *The Accounting Review* 71 (3): 289-315

Jones, J.. 1991. Earnings Management During Import Relief Investigation. *Journal of Accounting Research* 29 (Autumn): 193-288

陆正飞，叶康涛. 产权保护导向的会计研究：新近研究回顾. 中国会计评论，2007 (1)，第 5 卷

3.9 资产规模增长与股票横截面回报

Cooper M. J., H. Gulen, and M. Schill. 2008. Asset growth and the cross-section of stock returns. *The Journal of Finance* 63: 1609-1651

对于实物投资的有效定价是资本市场的主要功能之一。当公司增加或者处置资产时，为了体现资本市场的这一功能，市场理应对这些交易进行合理定价。然而，越来越多的证据表明，市场对于这类交易的定价存在重大偏差。与资产增长相关的公司事件（如收购，公开股票发行，公开债务发行和银行借款等）都会伴随着异常低的回报率。而与公司资产收缩相关的事件（如分拆，股票回购，偿还债务和发放股利等）则通常伴随着异常高的回报。除了这些长期的事件研究，其他研究也表明了公司投资和横截面回归之间的负相关关系，比如资本投资、应计项目、销售增长率和融资行为等，与未来股票回报率是负相关的。

然而，之前的相关研究仅仅关注了公司全部投资活动中的部分因素，而忽略了这些活动可能衍生的其他潜在效应。一些研究根据这一思路开始进行更为全面的异象研究。Richardson and Sloan (2003) 发现，债务和股权融资仅是净外部融资效应的一部分。同时，Fairfield, Whisenant, and Yohn (2003) 的研究表明应计异象仅是市场对于经营性资产增长错误定价所造成的所有异象中的一种。本文正是基于这一系列研究，对公司投融资活动和股票回报率之间的关系进行了更为全面的讨论和分析。

3.9.1 核心问题与研究假设

作者在之前相关文献的基础上，引入一种衡量公司资产增长的新变量，

为资产增长是否在未来横截面股票回报率中得到合理定价的研究提供了新证据。具体来看，作者基于一个简单而全面的变量——年度总资产变化率，来衡量公司的资产增长，对公司层面增长效应的深层次原因进行了进一步的探究。而本文关注的研究假设是：年度总资产变化率是一个预测横截面股票回报率的有力指标。

研究思路方面，作者采用了1968—2003年的美国上市公司作为研究样本，根据前一年公司总资产增长率进行分组构建投资组合，最低一组投资组合获得的市值权重平均年化回报率为18%，而最高一组的市值权重平均年化回报率为5%。在对高低资产成长之间进行了标准的风险调整之后，二者之间的差异依然非常显著。同时，本文发现总资产增长率效应会在第一年之后持续，并且在构建当年之后的5年内持续获得超额收益。为了确保研究结论的稳健性，作者对不同资产规模（大、中、小）的公司进行了检验，同时采用不同的风险调整方式和样本选择。在经过一系列检验之后，最终结论表明，公司的年度总资产增长率是一个预测横截面股票回报率的有力指标。

3.9.2　数据与方法

1. 样本选择、数据来源及主要变量

本文采用了1963—2003年所有在NYSE，AMES和NASDAQ上市的非金融公司作为研究样本，剔除了四位SIC码位于6000～6999之间的公司。股票月度回报率的数据来自CRSP，年度行业数据来自Compustat。为了确保足够的样本数目，本文在1968年6月底开始构建投资组合和回归分析。同时按照Fama and French（1993）的做法，公司必须在Compustat至少拥有两年记录才会被纳入到样本当中。

所有财务指标都是在第t年6月底以第$t-1$财政年度年底的数据进行构造的。如果需要获取财务指标与市值或股价的比值，比如账面市值比，本文采用第$t-1$年的市值或股价。对于公司规模，本文采用的是第t年6月底公司的股票市值。对于检验中涉及的滞后回报率指标，如6个月滞后回报率，本文则对第t年1月初至第t年6月底的持有期回报率进行了估计。所有数据都在每年的6月底进行了年度更新。

本文的主要变量——年度总资产增长率是根据第 $t-2$ 财政年度的年度数据和第 $t-1$ 财政年度的总资产进行计算的，具体来说，年度总资产增长率就是后者与前者的差额除以前者所得到的增长率指标。

2. 投资组合的构建过程

在每年的 6 月底，所有股票按照年度总资产增长率的大小等分为 10 组，年度总资产增长率最高的公司是第 10 组，最低的为第 1 组，每一组构成一个投资组合。这些投资组合的构建期是第 t 年的 7 月至第 $t+1$ 年的 6 月，因此这些组合会持有 1 年，然后重新排列和组合。

完成投资组合的构建之后，本文计算了第 t 年的 7 月至第 $t+1$ 年的 6 月期间等权重和市值权重的月度组合回报率。在这一过程中，为了控制了公司规模的影响，本文将所有公司根据第 t 年 6 月的 NYSE 第 30 和第 70 市值分位数分为大中小三组，并在所有组别内按照以上步骤进行投资组合的构建。

3.9.3 实证结果

1. 横截面检验

为了考察总资产增长率对于股票回报率的长期效应，作者报告了投资组合构建之前和之后五年的实际回报率，同时也报告了投资组合构建之后一年的控制了 Fama 三因素之后的超额回报率。总体上，结果证实了总资产增长率和股票回报率之间的负相关关系。在对公司资产规模进行分组后，这一结论在所有规模组中都成立，并且在小规模公司的一组内，总资产增长率最高和最低一组之间超额回报的差额最大。之后，作者进行了一系列稳健性检验，包括应用 Carhart（1997）的四因素模型来进行风险调整；以 3 月底的总资产回报率来进行分组；剔除在投资组合构建当年发生股票发行和收购的公司。这些检验得到的结果与之前的结论相一致。

2. 总资产增长率效应与其他重要决定因素的对比

在这一部分，作者采用 Fama and Macbeth（1973）横截面回归模型对总资产增长率和公司年度股票回报率之间的关系进行了衡量。在控制其他影响资产增长效应决定因素的情况下，本文关注的总资产增长率指标所发挥的作用依然非常显著。事实上，在横截面回归当中加入了账面市值比、公司规模、短期和长期滞后回报率和其他成长性指标之后，公司总资产增长率是影响公司未来回报率的最重要因素。同时，对于大规模的公司，总资产增长率的这一优势作用会更加显著。

3. 对总资产增长率进行分解

为了更深入理解总资产增长效应的动因，本文将总资产增长率根据资产负债表的左边（投资）和右边（融资）分解成几个重要的组成部分：

$$\text{总资产增长}=\text{现金增长}+\text{非现金流动资产增长}+\text{固定资产投资增长}+\text{其他资产增长}$$

$$\text{总资产增长}=\text{经营性负债增长}+\text{留存收益增长}+\text{股权融资增长}+\text{债务融资增长}$$

最终，结论表明投资方面的经营性资产变动（非现金流动资产增长与固定资产投资增长之和）、融资方面的负债增长和股权融资增长对于总资产增长效应的贡献最大。同时，对于中小规模公司而言，债务融资发挥更重要的作用。而对于大公司，股权融资显现最强的效应。进行分解后的检验表明，由于总资产增长率是资产负债表左右两边成长性的加总，因此这一指标受益于所有项目的协同效应，从而与从属于它的其他指标相比，体现出对股票回报率更强的影响作用。

4. 总资产增长效应与股票发行和回购

在进一步的检验中，作者发现总资产增长率效应在控制了股权融资和回购之后仍然显著，因此对于股票发行和回购异象也提供了部分解释。同时，结果表明，在中小公司中总资产增长效应会更为强烈，而增发回购效应在大公司中更为强烈。

5. 总资产增长效应是否源于风险和错误定价的相关检验

标准的风险—收益模型（包括条件性 CAPM 模型）不能解释总资产增

长效应。同时，研究发现，投资者对于公司过去的增长存在过度反应，这与Lakonishok，Shleifer，and Vishny（LSV，1994）得到的研究结论具有一致性。之后，本文参照La Porta et al.（1997）的做法，对盈余公告发布期间的股票回报率进行了检验，结果表明总资产增长率低的公司发布盈余公告会伴随正的超额回报，而总资产增长率高的公司发布盈余公告会伴随负的超额回报。此外，结合Titman，Wei，and Xie（2004）的研究，作者发现公司总资产增长效应在公司监管增强的时期会被弱化，因此，总资产增长效应是由于管理层的过度投资和投资者对管理层帝国构建的负面态度。

3.9.4 结论

本文的研究结论支持了总资产回报率与公司股票回报率之间的负相关关系。经过一系列的检验，作者发现公司总资产增长率与其他一些变量相比具有更好的对于未来横截面股票回报率的预测能力，并且能够在一定程度上解释股票发行和回购效应。产生这一结论的主要原因在于总资产增长率全面反映了公司投资和融资活动对于股票回报率的共同作用，因此这一指标能够捕捉到股票回报率、公司规模和融资方式之间的复杂关系。进一步的研究可以对总资产增长的各组成部分在不同规模公司当中所呈现出的不同程度影响进行深入探索。

本文对于有效资本市场的重要功能——对于资产投资的无偏定价，进行了进一步的讨论。

如果资本市场的这一功能是有效的，那么投资机会就会得到关注，而资金会被系统地分配至产出最高的公司（Tobin，1984）。然而，与之相反，对于新增投资的有偏定价会导致一系列潜在投资政策的扭曲，而本文的研究结论正是证实了这一现象的存在。

参考文献

Fairfield，Patricia，Scott Whisenant，and Teri Yohn. 2003. Accrued earnings and growth：Implications for future profitability and market mispricing. *The Accounting Review* 78：353－371

Fama, Eugene, and Kenneth French. 1993. Common risk factors in returns on stocks and bonds. *Journal of Financial Economics* 33: 3-56

Fama, Eugene, and James MacBeth. 1973. Risk, return and equilibrium: Empirical tests. *Journal of Political Economy* 81: 607-636

La Porta, Rafael, Josef Lakonishok, Andrei Shleifer, and Robert Visny. 1997. Good news for value stocks: Further evidence on market efficiency. *Journal of Finance* 52: 859-874

Lakonishok, Josef, Andrei Shleifer, and Robert Vishny. 1994. Contrarian investment, extrapolation, and risk. *Journal of Finance* 49: 1541-1578

Richarson, Scott, and Richard Sloan. 2003. External financing and future stock returns, Working paper, The Wharton School

Titman, Sheridan, JohnWei, and Feixue Xie. 2004. Capital investments and stock returns. *Journal of Financial and Quantitative Analysis* 39: 677-700

Tobin, James. 1984. On the efficiency of the financial system. *Lloyds Bank Review* 153: 1-15

3.10　中国上市公司股票横截面回报预测性研究

Cakici, N., K. Chan, and K. Topyan. 2011. Cross-sectional stock return predictability in China. 香港科技大学工作论文

本文旨在综合检验 10 个股票回报预测指标在中国市场上的横截面预测能力。

近 40 年来，学术研究和投资实务界对股票回报预测的讨论从未降温，所提出的回报预测指标数以百计。Green et al.（2013）全面检验了 1970—2010 年间发表于会计、金融及其他学科期刊中的 333 个回报预测信号（return predictive signals，RPS），其中有 147 个 RPS 基于会计指标，106 个 RPS 基于金融指标，78 个 RPS 基于其他指标。时至今日，仍然不断有新的

RPS被发掘出来，如 Bonacchi et al.（2012）发现对于基于定金的企业而言（如航空公司），顾客忠诚度和未来的股票回报有显著的正相关关系。

本文将以上对股票回报的预测研究放入中国市场，做出了有益的尝试。

3.10.1 核心问题与研究假设

众多研究表明，基于美国股票市场所发现的异象也出现在其他国家的市场中（如 Rouwenhorst，1998）。Chen et al.（2010）检验了包括动量（momentum）在内的18个指标对于中国股票回报的解释能力，发现其中仅有5个指标与股票回报之间有显著关系。作者分别从预测指标的横截面特征和股票价格的信息含量这两个角度对以上现象加以解释，并得到了经验证据的支持。

总体而言，现有研究对中国股票市场回报率的理解尚未跟上市场规模的发展速度。截至2011年，上海证券交易所和深圳证券交易所的总市值已经超过4万亿美元，仅次于纽约证券交易所和纳斯达克交易所。中国股票市场无论就总市值还是交易量而言，都在全球范围内有着举足轻重的地位。因此，理解中国股票市场的特征就显得至关重要。

正是在这样的背景下，本文选取了经典文献中的10个回报预测指标，分别检验其对未来股票回报在横截面上的解释能力，以加深对中国沪深两市的理解。这些指标具体包括规模（size）、股票价格（price）、股票系统性风险（stock's beta）、股票总回报的总波动率（stock's standard deviation）、股票特质回报的波动率（stock's idiosyncratic deviation）、短期反转（short-term reversal）、动量（momentum）、账面市值比（book-to-market ratio）、现金流价格比（cash-flow-to-price ratio）和盈利价格比（earnings-to-price ratio）。

作者发现，规模、价格、账面市值比、现金流价格比、盈余价格比、股票总回报和特质回报的波动率这七个指标对未来股票回报的预测均在统计意义和经济意义上显著。但与美国市场研究发现（Jegadeesh et al.，1993）所不同的是，动量策略在我国股票市场上不具有稳定的预测能力，且仅在大规模公司的子样本中有效。

3.10.2　数据与方法

本文分别使用投资组合和横截面回归的方法验证以上指标是否能够预测未来的股票回报。经验检验的具体设定如下。

1. 数据来源与样本选择

作者选取了1994年1月至2011年3月间的中国沪深两市A股作为样本，数据来源于Datastream数据库。使用的字段包括股票日回报、月回报率、总回报波动率和特质回报的波动率、市场风险系数（beta）、总股本与流通股本、权益账面价值等。

2. 变量构造

规模：投资组合构建前1个月月末股票总市值的自然对数。

价格：投资组合构建前1个月月末股票价格。

股票系统性风险：利用当日和前1日回报数据计算的综合Beta。

$$R_{i,d}-r_{f,d}=\alpha_i+\beta_{1,i}(R_{m,d-1}-r_{f,d-1})+\beta_{2,i}(R_{m,d}-r_{f,d})+\varepsilon_{i,d}$$

$$\beta_i=\beta_{1,i}+\beta_{2,i}$$

股票总回报的波动率：当月股票日回报的标准差。

$$SD_{i,t}=SQRT[\mathrm{var}(R_{i,d})]$$

股票特质回报的波动率：首先计算股票的日特质回报；

$$R_{i,d}-r_{f,d}=\alpha_i+\beta_i(R_{m,d}-r_{m,d})+\varepsilon_{i,d}\text{①}$$

式中，β_i 用之前所有期的日回报进行估计，残差部分 $\varepsilon_{i,d}$ 即为股票的特异回报。接下来计算特质回报在当月的标准差。

$$SSE_{i,t}=SQRT[\mathrm{var}(\varepsilon_{i,d})]$$

① 疑为作者笔误，应为：$R_{i,d}-r_{f,d}=\alpha_i+\beta_i(R_{m,d}-r_{f,d})+\varepsilon_{i,d}$

短期反转：投资组合构建前1个月股票的月回报。

动量：投资组合构建前12个月至前2个月（共计11个月）中股票的累计月回报。

账面市值比（BKMT）：投资组合构建前1个月月末的股票账面价值比市值，其中账面价值由普通股账面价值和资产负债表上递延税项目两部分构成（截至上一财政年度末）。

现金流量价格比（CFPR）：上一财政年度的营运现金流量比投资组合构建前1个月月末的股票市值。

盈利价格比（EP）：上一财政年度的盈余比投资组合构建前1个月月末的股票市值。

其中，最后三个指标所反映的是公司股票“便宜”（cheapness）程度。

3. 检验方法

具体的检验方法包括：基于以上指标构建投资组合并计算组合未来的回报情况；以上述指标为自变量，股票回报为因变量，检验前者对后者的解释能力。在此过程中，作者分别计算了等权和价格加权的投资组合回报率；对冲策略的原始回报率和经市场风险调整的回报率（alpha）。

3.10.3 实证结果

在核心检验之前，本文给出了各指标的描述性统计数据和指标间的相关关系。相关性检验证明，价格与公司规模正相关；短期反转和动量均与账面市值比正相关；反映公司股票便宜程度的三个指标均相互正相关，并且和股票价格高度正相关。

1. 投资组合未来回报

作者分别基于10个常用的回报预测指标构建投资组合（分为5组）以检验投资组合在未来的平均回报。

规模：规模越大，投资组合回报越低。买入规模最大组，卖出规模最小组的对冲策略，将实现－1.554%（－1.636%）的月等权（价值加权）平均原始回报；将实现－1.534%（－1.556%）的月等权（价值加权）平均经市场风险调整回报。以上回报均在统计上显著。

价格：期初价格越高，投资组合回报越低。买入价格最高组，卖出规模最低组的对冲策略，将实现－1.710%（－1.189%）的月等权（价值加权）平均原始回报；将实现－1.592%（－1.304%）的月等权（价值加权）平均经市场风险调整回报。以上回报均在统计上显著。

股票系统性风险：基于股票系统性风险所构建的投资组合不能够获得统计上显著的原始或经市场风险调整的组合回报。

股票总回报的波动率：基于股票总回报的波动率所构建的投资组合不能获得统计上显著的原始或经市场风险调整的组合回报。

股票特质回报的波动率：股票特质回报的波动率越高，投资组合回报越低。买入波动率最高组，卖出波动率最低组的对冲策略，将实现－1.040%（－0.605%）的月等权（价值加权）平均原始回报；将实现－1.163%（－0.742%）的月等权（价值加权）平均经市场风险调整回报。以上回报中，除价值加权平均的组合的原始回报不显著外，其他三种回报均在统计意义上显著。

短期反转：我国的股票回报呈现出明显的短期反转现象。买入上个月回报最高组，卖出上个月回报最低组的对冲策略，将实现－1.023%（－0.844%）的月等权（价值加权）平均原始回报；将实现－1.031 2%（－896%）的月等权（价值加权）平均经市场风险调整回报。以上回报均在统计上显著。

动量：我国的股票回报不具有统计意义上显著的动量效应。

账面市值比（BKMT）：账面市值比越高，投资组合回报越高。买入账面市值比最高组，卖出账面市值比最低组的对冲策略，将实现2.269%（2.287%）的月等权（价值加权）平均原始回报；将实现2.194 2%（2.295%）的月等权（价值加权）平均经市场风险调整回报。以上回报均在统计上显著。

现金流量价格比（CFPR）：现金流量市值比越高，投资组合回报越高。买入现金流量市值比最高组，卖出现金流量市值比最低组的对冲策略，将实现2.445%（2.461%）的月等权（价值加权）平均原始回报；将实现2.396 2%（2.542%）的月等权（价值加权）平均经市场风险调整回报。以上回报均在统计上显著。

盈利价格比（EP）：盈余市值比越高，投资组合回报越高。买入盈余市值比最高组，卖出盈余市值比最低组的对冲策略，将实现0.993%（1.426%）的月等权（价值加权）平均原始回报；将实现0.968 2%（1.426%）的月等权（价值加权）平均经市场风险调整回报。以上回报均在统计上显著。

总体而言，反映股票便宜程度的指标对股票未来回报有最强的预测能力。在稳健性测试中，作者根据股票市值将样本分为大规模公司组和小规模公司组的子样本，总体结论保持不变。

2. 横截面回归分析

为了进一步验证以上投资组合分析的结果，作者采用横截面回归分析，讨论上月回报预测指标对于本月股票回报的预测能力。这些回归分析中既有单变量回归分析，也有控制了其他因素之后的多变量分析，并且分别在全样本、大规模公司和小规模公司中进行。

单因素的横截面回归结果表明，股票价格、股票个体风险、短期反转、账面市值比、现金流量价格比和盈余价格比在全样本、大规模公司和小规模公司中，均对下一月份的股票回报有显著的解释能力。但动量指标在全样本和子样本中不具有显著的解释能力。规模因素在大公司中无效，市场风险因素仅在小规模公司组中有效，股票总回报波动率指标在小规模公司中无效。

在控制了其他因素之后，多元横截面回归呈现出一些有趣的结果。如股票总回报的波动率在投资组合方法中无法获得显著收益，但一旦控制了规模因素，则能够在全样本和各子样本中有效解释股票的未来回报。又如在控制规模、账面市值比和总回报波动率之后，动量指标对股票回报的解释能力显著提高。

3. 进一步检验

本文进一步将样本区分为上海证券交易市场股票和深圳证券交易市场股票分别检验，总体结论保持不变；此外，本文检验了基于股票便宜程度的投资组合在未来 3 个月、6 个月、12 个月的盈利能力；最后，文章考察了三个基于股票便宜程度的投资组合分别在每年的回报情况。

3.10.4 结论

本文检验了从 1994 年 1 月至 2011 年 3 月之间，10 个股票回报预测指标对于中国股票回报的横截面预测能力。结果发现规模、价格、账面市值比、现金流价格比、盈余价格比、股票总回报和特质回报的波动率对未来股票回报有显著的预测能力；但动量策略仅在大规模公司的子样本中有效；反映股票便宜程度的指标（账面市值比、现金流量价格比和盈利价格比）预测能力最强。

参考文献

Bonacchi, M., K. Kolev, and B. Lev. 2012. Customerfranchise—a hidden, yet crucial asset. CAR conference paper

Chen, X., K. A. Kim, T. Yao, and T. Yu. 2010. On the predictability of Chinese stocks returns. *Pacific-Basin Finance Journal* 18: 403-425

Green, J., J. R. M. Hand, and X. F. Zhang. 2013. The supraview of return predictive signals. *Review of Accounting Studies*: 1-39

Jegadeesh, N. and S. Titman. 1993. Returns to buying winners and selling losers: implications for stock market efficiency. *Journal of Finance* 48: 65-91

Rouwenhorst, K. G. 1998. International momentum strategies. *Journal of Finance* 53: 267-284

第 4 章

套利成本与市场有效性

4.1 本章概述

在第 1 章中我们介绍过，有效资本市场假说中的市场是个理想的资本市场，是一个没有证券交易成本（trading costs）、证券持有成本（holding costs）和信息成本（information costs）的高效率市场。但是，在现实的资本市场上，这些套利成本都是存在的。

首先，证券交易中要发生手续费（commissions）、买卖差价（bid-ask spread）、价格影响（price impact）及各种税费等。其次，持有证券在有些时候也发生成本，尤其是对套利者来说。套利行为往往要卖空一些证券，证券法规、交易所规则要求卖空者缴纳一些费用（如借用证券的费用）。更重要的是，和理想市场不同，在现实的市场上，大家拥有的和证券价值相关的信息是不一样的，对这些信息的理解也是不一样、不完美的。取得和分析信息都要付出一定的成本。我们可以把这三种成本称为套利成本（costs of arbitrage）。

理解和衡量套利成本对我们理解异象和市场有效性有重要的作用。正如有效资本市场假说预测的那样，如果套利行为不需要成本（也没有风险），那么错误定价即使出现了，也会马上被套利者铲除掉，市场的有效性得到维持。

但是，由于套利成本的存在，不考虑套利风险，套利的回报必须能够弥补套利成本的时候套利者才会出手套利。当套利回报（错误定价幅度）小于套利成本的时候，没有人通过套利来纠正错误定价，错误定价就会长期存在下去，而且套利成本越高的股票，错误定价越严重。

正如我们在第 1 章中指出的，套利成本是很难估计的，所以迄今为止，套利成本的研究还处于初级阶段。本章回顾的文章大体可以分为两类：一类是利用特殊数据库直接估计部分套利成本的文章；另一类是间接推导套利成本的文章。

Lesmond et al.（1999）采用了间接法，他们认为如果某一天中错误定价的幅度小于套利成本，股票价格就不会发生变动（zero-return day），因此他们认为可以用零回报交易日数目来衡量套利成本。之后的研究基本上都是采用他们的方法作为套利成本的代理变量之一。

Pontiff（1996）是对套利成本进行系统研究的较早的一篇文献。这篇文章对套利过程中的成本类型进行了区分，同时利用封闭式基金的特点对套利成本进行了实证研究。研究结论发现，在横截面上，封闭式基金折价程度与套利的难易程度、股利和交易成本密切相关。同时他认为在套利成本框架中，至少存在四种类型的成本影响套利收益从而影响错误定价的程度：与其他证券风险无关的基本面风险（the security's fundamental risk）、股利（dividend yield）、交易成本（transaction cost）和利率（interest rates）；交易成本又包括买卖价差（bid-ask spreads）、委托成本（commissions）和市场冲击（market impact）三种类型的成本。

D'Avolio（2002）是一篇比较特殊的文章，他的目的不是衡量套利成本，而是描述卖空市场。套利行为之所以被认为没有风险，是因为套利者在买入一部分证券的同时可以卖空另一部分证券，但是卖空机制和体系运行并不是公开的，比较难以理解，尤其是如何衡量和卖空相关的套利成本。本书收入这篇文章的目的是帮助读者了解卖空市场。

卖空成本的存在直接导致了相应股票的价值高估，因此这些股票未来回报比较差。Jones and Lamont（2002）是很罕见的文章，他们找到了1930年前后几年中美国卖空股票的记录，这些记录是迄今为止唯一能够找到的公开披露的卖空交易记录，包括卖空成本。使用这些数据，Jones and Lamont（2002）发现：卖空成本越高的股票未来回报越低，符合套利成本延长错误定价的理论。

Diether et al.（2002）同样研究卖空成本对股票错误定价的影响。他们使用分析师对公司前景（盈余）预测的分歧程度来代表卖空成本对股票价格的影响。分歧越大，表明卖空成本越可能把更大幅度的负面消息排除在交易以外，导致这些股票价格更大程度上反映了乐观者的定价。因此，这些股票价值被高估的幅度更大，未来回报更低。Diether et al.（2002）发现了预期的结果。这篇文章使用大样本数据，弥补了Jones and Lamont（2002）小样本的不足。但是，和Jones and Lamont（2002）直接估计卖空成本不同，本文是间接推导卖空成本。

总之，有关套利成本的研究还处于起步阶段，必然是未来的一个研究重点。其中最主要的贡献将来自于学术界与交易机构的合作，从交易机构取得直接、详细的交易数据，从这些数据中直接估计套利成本。

4.2 估计交易成本的一种新方法

Lesmond, D., Ogden, J., Trzcinka, C.. 1999. A new estimate of transaction costs. *Review of Financial Studies 12*: 1113-1141

套利是金融学中的核心概念，它使价格与价值保持一致并使资本市场始终有效。在它的完美形式下，套利无须资本并且是无风险的（Dybvig and Ross，1992）。当然完美套利只存在于完美的资本市场里。在现实世界中，不对称信息和市场摩擦让套利成为既需要资本又需要承担风险（Mitchell et al.，2002）。既然需要资本，那么套利者就会发生成本。而因为套利成本的存在，市场上的错误定价就不一定得到及时纠正，从而使价格偏离价值。在套利成本的框架中，至少会存在四种类型的成本影响套利收益从而影响错误定价的程度：与其他证券风险无关的基本面风险、股利、交易成本和利率，交易成本又包括买卖价差、委托成本和市场冲击三种类型的成本（Pontiff，1996）。其中交易成本是学术界研究比较深入的内容。

早在 1968 年，Demsetz（1968）就对买卖价差的决定因素进行了研究，发现交易频率、交易次数和证券市场的公司数量对买卖价差均有影响。已有的研究一般是考虑为交易成本寻找代理变量或者是直接运用买卖价差与委托成本之和作为对交易成本的估计。Karpoff and Walking（1988）和 Bhushan（1994）就将证券价格、证券交易量、公司规模和公司流通在外的股数作为交易成本的代理变量，认为这些变量与交易成本之间存在负相关关系。但这种寻找代理变量的方法显然只能对交易成本进行间接估计。

直接估计交易成本的方法是将买卖价差与委托成本之和作为交易成本（S+C），比如 Stoll and Whalcy（1983）和 Bwardwaj and Brooks（1992）。但 Lesmond et al.（1999）认为这种方法至少会存在两个方面的问题：其一是在 NYSE 和 AMEX，交易价格经常会在买卖价差之间；其二是经纪人的委托计划中常常反映的是超过一笔交易的成本。因此实际上 S+C 的方法会高估交易成本。同时，要获得所有上市公司存续期间内的买卖价差数据通常是很难的，有时甚至是不可能的。

Lesmond et al.（1999）提供了研究交易成本的一种全新方法，能够利用证券的回报对交易成本进行直接估计。作者通过对现实世界的观察发现规模大的公司出现零日回报率（即价格在当天不发生变化）的概率大约是 30%，而小规模公司出现零回报的概率大约为 80%，而以往的研究表明交易成本恰好与公司规模呈反向关系，因此作者考虑通过对公司零日回报的估计来测算公司证券的交易成本。作者引入受限因变量模型（limited dependent variable model）对证券的交易成本进行估计，这种模型认为如果某一种信息的价值不足以抵偿交易成本，那么边际投资者将不会进行交易，这种情况下证券当期的收益就应当是零。作者的实证结果发现通过 LDV 模型估计的交易成本对大规模公司组合为 1.2%，对小规模公司组合为 10.3%，同时时间序列的分析表明这种方法估计的交易成本与 S+C 方法估计出的交易成本相关系数为 85%。

Lesmond et al.（1999）所提出的假设是：如果收益达不到交易成本，那么就只能看到零回报。

LDV 模型在这篇文章中具有至关重要的作用，我们先来介绍一下。文章所运用的模型建立在 Tobin（1958）和 Rosett（1959）所建立的 LDV 模型基础之上，模型假设 CAPM 模型能描述证券回报。证券真实回报（内在回报，不能直接观察到）和描述回报（measured return，直接观察到的回报，用来衡量真实回报）之间的关系见原文图 2，图中的粗线表示的是描述回报，而连续的细线表示的是期望回报。LDV 模型可以表示为：

$$R_{jt}^{*}=\beta_j R_{mt}+\varepsilon_{jt}$$

$$R_{jt}=R_{jt}^{*}-\alpha_{1j}, \qquad R_{jt}^{*}<\alpha_{1j}$$

$$R_{jt}=0, \qquad \alpha_{1j}<R_{jt}^{*}<\alpha_{2j}$$

$$R_{jt}=R_{jt}^{*}-\alpha_{2j}, \qquad R_{jt}^{*}>\alpha_{2j}$$

式中，R_{jt}^{*} 是证券真实回报；R_{jt} 是证券描述回报；R_{mt} 是市场回报。如果 $\alpha_{1j}<\beta_j R_{mt}+\varepsilon_{jt}<\alpha_{2j}$，那么证券描述回报就是零，我们可以将 α_{1j} 视为证券的卖空成本，将 α_{2j} 视为证券的买空成本。这里最重要的是求出 $\alpha_{2j}-\alpha_{1j}$，它提供了证券交易成本的估计值，因此文章要检验的假设就是 $\alpha_{2j}-\alpha_{1j}$ 是证券 j 的全部来回交易成本（round-trip transaction costs）的计量值。

文章主要数据来源于 CRSP NYSE/AMEX daily master file 1963—1990 年 28 年间的数据。另外两个重要的辅助数据：（1）NYSE/AMEX 1988—1990 三年间的所有买卖出价数据来源于 ISSM（the Institute for Study of Security Markets）；（2）对 NYSE 证券买卖出价数据来源于 Fitch 数据库。

实证部分首先对以往的研究所涉及交易成本的代理变量用文章数据进行了重新计算，以便进行比较。分别是：公司规模，Roll's（1984）有效买卖价差计量方法①，专家买卖价差（specialists' spread）②，并用回报的频率对

① Roll's（1984）的有效买卖价差的计量是用 $2\sqrt{-\mathrm{Cov}}$ 作为有效买卖价差的计量，Cov 是指证券回报的一阶自相关方差。

② 专家买卖价差的计算公式为：$\frac{Ask-Bid}{(Ask+Bid)/2}$

专家买卖价差在每个组内进行回归。① 这些结果表明零回报比率是交易成本较好的代理变量。②

其次，作者利用前文所描述的 LDV 模型对交易成本进行了计量。结果如作者预期，α_{1j} 作为卖空成本其值为负，α_{2j} 作为买空成本其值为正，并且 α_{1j} 比 α_{2j} 要略大，说明卖空成本要大于买空成本，这与以往的研究是一致的。$\alpha_{2j}-\alpha_{1j}$ 值在公司规模最大的一组为 1.23%，而在公司规模最小的一组为 10.35%，表明证券的交易成本与公司规模呈负向关系。作者区分 NYSE 和 AMEX 分别进行了研究，因为一般情况下，NYSE 上市公司的规模更大，结果与前述一致。实证结果验证了作者所提出的原假设。

最后，作者将 LDV 模型估计结果与 S+C 估计结果进行了对比，这样对比的目的有二：一是看这两种估计方法所估计出的交易成本值是否具有相关性；二是说明 S+C 估计方法会高估交易成本值。时间序列的对比结果见原文图 3。结果显示这两种估计方法具有高度的相关性，相关系数为 85%，同时在最大组和最小组层次上，这种方法计算结果确实存在一定差别，并且是 S+C 方法所估计值较大。为了验证两种方法的相关性，作者将 $\alpha_{2j}-\alpha_{1j}$ 作为因变量，将买卖价差与委托成本作为自变量进行回归分析③，回归结果显示买卖价差与委托成本的系数均在 1%水平下显著，R^2 为 80.85%④，这也说明 S+C 对 $\alpha_{2j}-\alpha_{1j}$ 具有较好的解释能力。

Lesmond et al.（1999）是研究交易成本的一篇非常重要的文献，在以后的研究中也得到一定程度的应用。如 Ashiq Ali et al.（2003）就将这种方法应用于 BM 异象的研究，发现利用本文方法估计的交易成本对 BM 异象具有较好的解释作用。

但这篇文献中也有几处值得商榷：

① 回归方程为：$Propzero_{if}=\zeta_1+\zeta_2 Spread_{if}+\xi_{if}$，其中 $Propzero_{if}$ 是每个证券的零回报比率；$Spread_{if}$ 是专家买卖价差。

② 限于篇幅，具体结果不再详述，内容可参见原文表 1 和表 2。

③ 回归方程为：$\alpha_{2j}-\alpha_{1j}=\zeta_1+\zeta_2 Spread_{if}+\zeta_3 Commission+\xi_{if}$，具体回归结果请参见原文表 4 中 Panel B。

④ 这是总体回归的 R^2，各组内的 R^2 介于 31.56%～78.31%之间。

第一，交易成本是在资本市场进行套利时所面临的一个非常重要的成本，也是使得证券错误定价无法消除的重要原因。但 Lesmond et al.（1999）文章中的模型建立在 CAPM 模型之上，那么将这种研究成果加以应用是说明市场是有效的还是无效的呢?

第二，文章中有一个非常重要的假设，那就是假设资本市场的边际投资者是完全理性的，能够做出完全正确的决策。但现实世界中存在很多的噪音交易者（Delong et al.，1990），因此市场价格并不一定能解释边际投资者的理性反应。

第三，文章用于计量证券是不是零回报使用的是日数据，而不是分时数据，我们用证券的收盘价计算出的某日证券回报是零，但如果用分时数据来计算可能就不是零回报。当然这是数据所产生的问题，也是有待我们进一步研究的地方。

总之，Lesmond et al.（1999）进行了非常有创新性的研究，为证券市场交易成本的研究提供了崭新的思路。

参考文献

Ali，A.，Hwang，L.，Trombley，M.. 2003. Arbitrage Risk and the Book-to-Market Anomaly. *Journal of Financial Economics* 69（2）：355-373

Bwardwaj，R. K.，and L. D. Brooks. 1992. The January Anomaly：Effects of Low Share Price，Transaction Costs，and Bid-Ask Bias. *Journal of Finance* 47：553-574

Bhushan，R.. 1994. An Informational Efficiency Perspective on the Post-Earnings Drift. *Journal of Accounting and Economics* 18：46-65

DeLong，J. Bradford，Andrei Shleifer，Lawrence Summers，and Robert Waldman. 1990. Noise Trader Risk in Financial Markets. *Journal of Political Economy* 98：703-738

Demsetz，H.. 1968. The Cost of Transacting. *Quarterly Jountal of Economics* 82（1）：33-53

Dybvig, Phillip H., and Stephen A. Ross. 1992. Arbitrage, in John Eatwell, Murray Milgate, and Peter Newman, eds.: *The New Palgrave Dictionary of Money and Finance* (MacMillan: London; Stockton Press: New York)

Karpoff, M. K., and R. A. Walkling. 1988. Short Term Trading Around Ex-Dividend Days: Addition Evidence. *Journal of Financial Economics*, 21: 291-298

Mark Mitchell, Todd Pulvino, and Erik Stafford. 2002. Limited Arbitrage in Equity Markets. *Journal of Finance* 57: 551-584

Pontiff, J.. 1996. Costly Arbitrage: Evidence from Closed-End Funds. *The Quarterly Journal of Economics* 111: 1135-1152

Stoll, H. R., and R. Whaley. 1983. Transactions Costs and the Small Firm Effect. *Journal of Financial Economics* 2: 57-79

4.3 套利成本：来自封闭式基金的证据

Pontiff, J.. 1996. Costly arbitrage: evidence from closed end funds. *Quarterly Journal of Economics* 111: 1135-1152

在经典的金融学中，资本市场是有效的。这种有效体现在两个方面：其一，资本市场上的投资者是完全理性的，这意味着市场上没有人会购买被高估的资产，同时市场上也没有人会出售被低估的资产，这样的市场会始终处于均衡状态，即资产的价值会等于公允市价。也就是说，如果地面上有一张美元，不要去捡，因为理性人不会把美元掉在地上。其二，即使市场存在资产的错误定价现象，理性投资者通过无成本的套利能迅速消除资产的错误定价。也就是说，地上即使有美元也会迅速被理性人捡起来（Pontiff，2006），之所以还在地上，只能是假美元。

行为金融学的发展正是从两个方面来突破传统金融学的框架。已有研究发现，人们的判断和思维往往会出现偏离“理性”的特征，诸如过度自信、保守主义、模糊厌恶、后悔厌恶等。对于理性经济人假设存在的局限性，经典的金融学认为即使市场上存在着非理性行为，其对资本市场也不会产生实质性的影响，因为这种非理性的行为能通过无成本的套利来消除，从而实现价值回归。但这种观点在 20 世纪 80 年代末期受到了质疑，因为在现实世界中，套利充满了风险，因而有其局限性（Shleifer and Vishny，1997）。也就是说，即使理性套利者认识到金融资产的价格由于非理性投资者的存在暂时偏离基本价值，然而在实施套利行为的时候也不得不考虑多种可能存在的风险，以至于减少或放弃套利行为。这些风险包括所谓的基本面风险、噪音交易者风险、执行成本、模型风险等（Barberis and Thaler，2003）。其中最重要的一个套利障碍就是理性套利者进行套利时存在成本。而研究套利成本对经典金融学乃至行为金融学至关重要。

Pontiff（1996）是对套利成本进行系统研究较早的一篇文献。这篇文章对套利过程中的成本类型进行了区分，同时利用封闭式基金的特点对套利成本进行了实证研究。研究结论发现，在横截面上，封闭式基金折价程度与套利的难易程度、股利和交易成本密切相关。同时他认为在套利成本框架中，至少存在四种类型的成本影响套利收益，从而影响错误定价的程度：与其他证券风险无关的基本面风险、股利、交易成本和利率，交易成本又包括买卖价差、委托成本和市场冲击三种类型的成本。

Pontiff（1996）认为封闭式基金是研究套利成本的一个很好的样本。如果封闭式基金发行时折价，那么理性套利者就能通过买入基金同时卖出基金所持有的证券来实现收益；如果封闭式基金发行时溢价，策略则相反。但在现实世界中，这种策略是难以实现的，因为基金所持有的证券种类是变动的，套利者无法完全得知，但可以通过寻找高度相关的证券来实现套利。这里有两种成本会影响对基金的套利：交易成本和持有成本（holding costs）。交易成本发生在基金开放和关闭时，每次交易时都将发生，包括经纪费用（brokerage fees）、市场冲击成本和买卖价差。持有成本发生在套利期间内，包括证券的借入成本（borrowing costs）、因不能投资其他资产而产生的机会成本（opportunity costs）、风险暴露（risk exposure）。而因在交易时必须有一定的保证金，放弃利率（forgone interest）是另一种重要的持有成本。

作者所选取的样本是 1965 年 7 月至 1985 年 12 月所有在《华尔街日报》上刊登公开交易信息的 68 只封闭式基金，剔除少于 6 个月折价数据的基金和基于历史成本报告净资产价值的 Cyprus Corporation，最终样本是 52 只基金。回报和价格数据来自 CRSP 数据库。

Pontiff（1996）所提出的原假设有两个，第一个是如果基金折价是未来现金流的理性预期贴现，那么在基金折价和这些套利成本之间将不存在显著关系；第二个是基金的折价程度与持有成本同样无关，也就是说持有期间的无风险利率与基金折价无关。

对第一个假设的检验，作者建立了一个回归方程，将基金折价的数额作为因变量，将股利因素、交易成本、不可套利风险作为自变量。以下是各个变量的计量：以对数化的组合市场价值与基金市场价值的比值作为对折价程度的计量；以每股未来 3 个月的股利支付与基金净值比为股利因素的计量；交易成本的代理变量有两个，证券价格的倒数和证券市场价值的对数；用超过无风险利率的基金净值回报部分对套利者可获得的其他各种证券的超额回报做回归，将对数化的回归残差标准差作为套利风险的代理变量，实际操作时回归的自变量可选取 10 只开放式基金。这样计算得到的代理变量可能会高估套利风险。

首先，作者将基金折价的绝对量作为回归的因变量，得出的回归结果是：基金折价量与交易成本负相关，与股利因素负相关，与套利风险正相关。其次，考虑到基金净值可能是基金真实价值的有偏代理变量，因此作者又将基金折价相对水平作为回归的因变量，得出的结果与前一个回归基本是一致的。回归的调整 R^2 中位数为 25.3%，说明这些成本因素对基金折价具有一定的解释作用，同时基金折价（基金的错误定价）会受到这些因素的影响。

对第二个假设的检验，作者运用的是时间序列自相关回归检验。以基金折价相对程度和绝对数额作为回归因变量，以一个月的 T-bill 的利率及其变化为回归的自变量，并进行回归残差的四阶自相关检验。回归结果验证了假设 2，即利率与基金折价绝对量显著正相关，同时回归残差呈一阶自相关，自相关系数为 0.78。①

最后 Pontiff（1996）运用套利成本框架对投资于境外市场证券基金（foreign funds）和政府债券基金（municipal bond funds）的溢折价问题进行了解释。因为境外市场证券基金普遍投资于境外市场，对这些基金进行套利的交易成本将更高，因此这类基金的溢价程度将更大。同时因为投资者不能对政府债券基金进行卖空而缺乏对这类基金价格的矫正机制，这类基金通常会出现比较大的溢价。

Pontiff（1996）的研究结论表明，封闭式基金的折价数额和程度与股利因素、交易成本和股票特定的风险密切相关。显然对套利成本乃至对套利局限性进行研究具有十分重要的意义，它能为迄今为止所发现的各种资本市场异象提供一个较好的解释框架，比如应计异象（Mashruwala et al.，2006）、BM 异象（Ashiq Ali et al.，2003）、漂移异象（Mendenhall，2004）。

Pontiff（1996）为研究套利成本问题提供了一个很好的研究框架和思路，但文章也存在一些值得我们进一步思考的地方：

第一，研究样本仅仅局限于封闭式基金，使得研究结论缺乏广泛的应用价值，但这也是研究套利成本的一个共同的问题，比如 Lee et al.（1991）具有同样的问题。在 Lesmond（1999）的研究中样本取自普通上市公司数据，拓展了这类研究的空间。

第二，研究中对基金管理费用（management fees）没有给予考虑，而基金管理费用同样是构成对封闭式基金进行套利的重要成本之一。Pontiff（1996）对假设 2 检验时，虽然结果表明利率与基金折价绝对数显著相关，但与折价的相对水平却是负相关的。而 Flynn（2006）运用同样的方法，样本区间取自 1985—2001 年，得出的结论却相反，这可能是样本不同所致，也完全有可能是 Pontiff（1996）中没有考虑基金管理费用的因素所致。

第三，研究中在考虑交易成本时，考虑了两个代理变量，即证券价格和证券市场价值。但 Bhushan（1994）发现证券的交易量与证券的交易成本具

① 具体结果请参见原文表 3。

有显著的负相关关系。同时 Mashruwala et al.（2006）研究应用了这种结论，发现证券的交易量对应计异象具有很好的解释作用。因此，将交易量作为交易成本的代理变量是值得考虑的。

在 Pontiff（1996）的文章之后，出现了很多有关套利成本的相关研究，包括有关套利成本中各种类型成本的研究。可以说正是这篇文章为人们进行这方面的研究发挥了良好的引导作用。

参考文献

Ali，A.，Hwang，L.，Trombley，M.. 2003. Arbitrage Risk and the Book-to-Market Anomaly. *Journal of Financial Economics* 69（2）：355-373

Barberis，N. and R. Thaler. 2003. A Survey of Behavioral Finance. *Handbook of Financial Economics*（Edited by G. Constantinides，M. Harris and R. Stulz），Elsevier Science，pp. 1053-1121

Bhushan，R.. 1994. An Informational Efficiency Perspective on the Post-earnings Announcement Drift. *Journal of Accounting and Economics* 18：45-66

Christina Mashruwala，Shivaram Rajgopal，Terry Shevlin. 2006. Why Is the Accrual Anomaly not Arbitraged Away? The Role of Idiosyncratic Risk and Transaction Costs. *Journal of Accounting and Economics* 42：3-33

Lesmond，D.，Ogden，J.，Trzcinka，C.. 1999. A New Estimate of Transaction Costs. *Review of Financial Studies* 12：1113-1141

Mendenhall，R.. 2004. Arbitrage Risk and Post-Earnings-Announcement Drift. *Journal of Business* 77（4）：875-894

Pontiff，J.. 2006. Costly Arbitrage and the Myth of Idiosyncratic Risk. *Journal of Accounting and Economics* 42：35-52

Sean Masaki Flynn. 2006，Arbitrage in Closed-end Funds：New Evidence，NBER Working Papers

Shleifer, A., Vishny, R.. 1997. The Limits of Arbitrage. *Journal of Finance* 52 (1): 35-55

张峥，徐信忠. 行为金融学研究综述. 管理世界，2006 (9)

4.4 股票借贷市场

D'Avolio, G.. 2002. The market for borrowing stocks. *Journal of Financial Economics* 66: 271-306

在有效市场的理论框架中，价格是基本价值的真实反映，基本价值是未来预期现金流的折现。即使市场上存在非理性的行为人，它们对于市场的影响也是微小的。Friedman（1953）认为，理性交易者能迅速消除非理性交易者的影响，而消除的手段就是套利行为。然而，Shleifer and Vishny（1997）指出在现实市场中存在套利局限（limits to arbitrage），即套利行为充满风险，套利的作用是有限的。Barberis and Thaler（2003）将套利的风险总结为基本面风险（fundamental risk）、噪音交易者风险（noise trader risk）和执行成本（implementation costs）等。例如，要实现套利，必须存在卖空机制。Fama（1970）认为有效市场理论通常假设理性套利者能无成本地卖空大量股票，然而 Diamond and Verrecchia（1987），De Long et al.（1990）却证明存在卖空限制。D'Avolio（2002）的论文描述了股票借贷市场的卖空机制，并强调了产生和维持卖空限制的条件，从而为套利的执行成本提供了有力的证据。

股票借贷市场存在两种机制：无成本、无约束的一般抵押均衡和有成本、有约束的特殊均衡（special equilibrium）。在特殊均衡市场，某些股票的借贷费用很高，但许多投资者却持有这些闲置的股票不愿出借，这显然与均衡市场理论相违背。Miller（1977）对此的一种解释是卖空限制。本论文的核心就是研究产生和维持卖空限制的条件。为此，论文提出以下四个假设：

第一个假设：非借出股票者（non-lenders）和卖空者（short sellers）的

意见分歧越大，借贷的股票成为特殊股票（special）（借贷费用高）的可能性越大。如果卖空者认为某只股票的股价被高估，则对该股票的需求增加。我们通常用股票较高的换手率、股票价值评估的复杂性以及非借出股票的投资者对股票认识（visibility）的增加来评价投资者对股票认识存在的分歧。

第二个假设：浮游量（float）的规模越大，借贷的股票成为特殊股票的可能性越小。浮游量（发行在外的股票数量）的增加会使得非借出股票的乐观主义者持有全部股票的可能性减少。较大的浮游量还会使投资者的持股比例更为分散（breadth of ownership），并能降低即期价格（spot price），从而起到增加可借出股票的供应量，减少卖空者需求的作用。

第三个假设：非借出股票者的风险承受能力越强，借贷的股票成为特殊股票的可能性越大。非借出股票投资者数量（non-lending investor base）的增加（主要用机构投资者较低的持股比例或投资者较高的关注程度衡量）能提高即期价格，因此增加了卖空者对借入股票的需求。也就是说，机构投资者持股比例的降低会减少可借出股票的供应量。

第四个假设：股票换手率越高，召回（recall）风险越大。较高的交易量和换手率不但会使已借出证券容易被召回，而且可能增加借入股票成本的波动幅度。

一家著名的财务机构（世界最大的证券出借机构之一）为论文提供了其记录的 2000 年 4 月至 2001 年 9 月间美国股票借贷交易的日数据。与以往研究的数据相比，这个数据库还包含了借出股票的供应量、目前市场已借出的股票数量、借出比率等详细信息。数据来源的特殊性使得论文能从新的角度来研究该领域的相关问题。该股票借贷数据库包含的股票数量占 CRSP 数据库中被卖空股票数量的 81%（若按照市场价值估算则为 99%）。

论文的数据显示，在 CRSP 数据库中有 26.4%的股票（若按市场价值计算仅为 1.4%）没有被卖空。没有被卖空的股票通常为市值较小和流动性较差的股票。OLS 回归的结果（原文表 2）证实，机构投资者持股比率越高、股票换手率越高、BM（book to market）比率越高、惯性（momentum）投资策略（前 6 个月的股票回报）越低以及价格高于 5 美元的股票越有可能被卖空。

可以卖空的股票主要分为两类：一类称为一般抵押股票（general collateral，GC），其借贷费用较少（主要为经营和管理费用）；另一类为特殊股票（special），其借贷费用高。论文将借贷费用年利率大于或等于1%的股票定义为特殊股票。在论文的股票借贷数据库中，一般抵押股票的比率为91.3%，特殊股票的比率为8.7%。论文对股票进行了分类，发现与一般抵押股票相比，特殊股票具有以下特点：机构投资者持股比率更低、股票的日回报波动性更大、分析师的意见分歧更大、投资者更为关注、惯性投资策略的回报更低、现金流量状况更差以及BM比率更高。原文中表5的两因素方差分析及表6的Logit回归结果显示，日换手率越高、股票日回报的波动性越大、分析师分歧越大以及投资者越关注的公司越有可能成为特殊股票，从而验证了假设1；机构投资者持股比率越低的公司越有可能成为特殊股票，从而验证了假设2和假设3。

借出股票被召回是股票借贷市场的一个重要风险。当股票借出者卖掉其股票时，借贷数据库中可借出股票的供应量会立即下降，并可能出现短缺（negative availability）或者可借出股票的供应量小于已借出股票的数量（POS＜LOAN）的情形。此时，股票出借人就会发出召回通知，召回已借出的股票，直到可借出股票的供应量等于已借出股票的数量（POS＝LOAN）。根据三天前的交易情况，如果出现短缺则FORCEDCOVER定义为1，否则为0；若某一个月包含FORCEDCOVER为1的情形，则将变量RECALL定义为1，否则为0；若某一天位于股票短缺（FORCEDCOVER＝1）至可借出股票的供应量再次大于已借出股票的数量（POS＞LOAN）的期间内，则变量DISPLACED定义为1，否则为0。原文表7的统计分析显示，FORCEDCOVER股票和DISPLACED股票的日平均换手率为3.7%，而可卖空股票的日平均换手率仅为1.6%，从而验证了假设4。即换手率越高的股票越容易被召回。

论文的研究结论表明，尽管证券借贷市场上特殊股票和股票召回很少，但是当投资者的意见出现分歧的时候，这种卖空限制出现的概率就会增加，而且投资者自身的乐观主义也能通过证券借贷市场的机制限制套利行为。论文的研究成果有力地证明了卖空限制的存在。论文的主要贡献主要体现在以下几个方面：第一，论文利用独特的数据资料对股票借贷市场进行了描述，使人们对于股票借贷市场有了进一步的认识；第二，以往的研究只关注卖空的利率问题，而忽视了借贷股票价格等问题。论文则从股票借贷市场的交易价格、数量等多个角度分析了卖空股票的成本和能力，论文的结论使我们能较好地理解在均衡模型中，借贷股票的费用是如何决定的，并能帮助我们预测卖空限制是如何随着时间和空间的变化而变化。当然，论文也存在一定的不足之处。

Geczy et al.（2002），Ofek and Richardson（2003）和 Ofek et al.（2004）等人对直接使用返回率（rebate rate）作为租借股票的实际成本提出了质疑。他们认为，股票借贷市场并非一个功能完备的竞争性市场，因此，使用返还率直接作为竞争性的租借费用并不合适。Ofek et al.（2004）则将返还率作为传递卖空困难的一个信号，例如，作为协议中规定的卖空限制的程度。

Asquith et al.（2005）认为，论文数据来源于一家大型的股票出借机构，它的客户主要为喜欢投资市值较大的股票的共同基金。因此，该数据可能并不具有很好的代表性，并且会对结论产生一定的影响。例如，D'Avolio 在论文中发现，机构投资者的持股比例能解释可借出股票供应量横截面波动的 50%，但是 Asquith et al.（2005）认为上述 R^2 明显偏高，其原因就是数据的代表性问题。

参考文献

Asquith，P.，P. A. Pathak，and J. R. Ritter. 2005. Short Interest，Institutional Ownership，and Stock Returns. *Journal of Financial Economics* 78：243-276

Barberis，N.；and R. Thaler. 2003. A Survey of Behavioral Finance. in *Handbook of Economics of Finance*：1053－1121.（Constantinides，G.，M. Harris，and R. Stulz，eds. 2003. *Handbook of the Economics of Finance*. Amsterdam，The Netherlands：Elsevier Science.）

De Long，J. B.，A. Shleifer，L. Summers，and R. Waldmann. 1990. Noise Trader Risk in Financial Markets. *Journal of Political Economy* 98：

703－738

Diamond，D.，and R. Verrecchia. 1987. Constraints on Short-selling and Asset Price Adjustment to Private Information. *Journal of Financial Economics* 18：277－311

Fama，E.. 1970. Efficient Capital Markets：A Review of Theory and Empirical Work. *Journal of Finance* 25：383－417

Friedman，M.，eds. 1953. *Essays in Positive Economics*. Chicago，U. S. A.：University of Chicago Press

Geczy，C.，D. Musto，and A. Reed. 2002. Stocks Are Special Too：An Analysis of the Equity Lending Market. *Journal of Financial Economics* 66：241－269

Miller，E.. 1977. Risk，Uncertainty and Divergence of Opinion. *Journal of Finance* 32：1151－1168

Ofek，E.，and M. Richardson. 2003. DotCom Mania：the Rise and Fall of Internet Stock Prices. *Journal of Finance* 58：1113－1137

Ofek，E.，M. Richardson，and R. F. Whitelaw. 2004. Limited Arbitrage and Short Sales Restrictions：Evidence from the Options Markets. *Journal of Financial Economics* 74：305－342

Shleifer，A.，and R. Vishny. 1997. The Limits of Arbitrage. *Journal of Finance* 52：35－55

4.5 卖空限制与股票回报

Jones，Charles，and Owen Lamont. 2002. Short sale constraints and stock returns. *Journal of Financial Economics* 66：207－239

有效市场理论指出，价格总是完全反映所有公开的信息，价格是基本价值的反映。然而，Miller（1970）认为，市场存在两类投资者，持有乐观态度（bullish opinions）的投资者和持有悲观态度（bearish opinions）的投资者。由于持悲观态度的投资者的卖空行为受到限制，股价只是反映了乐观投资者的态度，此时股价是被高估的。要达到有效资本市场状态，Fama（1970）认为一个重要条件就是理性套利者能无成本地卖空大量股票。但是，卖空是有成本的，例如，为了卖空某只股票，存在股票借贷费用、卖空风险以及政策和制度的限制，而且有些时候卖空成本十分高昂，这就是卖空限制。Diamond and Verrecchia（1987），De Long et al.（1990）从理论上证明了存在卖空限制，D'Avolio（2002）等人为金融市场存在卖空限制提供了实证数据的支持。

Jones and Lamont（2002）主要讨论了卖空限制与股价被高估的关系，其基本的假设是：卖空成本越高的公司，股价越有可能被高估，未来的股票回报越低。股票的借贷成本通常是由供求关系决定的。若借贷成本较高，说明在股票借贷市场该股票的需求较高或供给较少。股票借贷利率（loan rate）或者返还率（rebate rate）① 是卖空成本的重要衡量指标。某一股票较高的股票借贷利率通常反映了股票借贷市场对该股票较高的需求或较低的供给。② 但是，还有其他因素也能导致较高的股票借贷利率。例如，论文中提到的芝加哥和伊利诺伊东部铁路（Chicago and Eastern Illinois Railway），它的年返还率高达67%，这显然不仅仅是由股票借贷供求关系造成的。为了克服使用股票借贷利率作为衡量股票借贷成本的局限性，论文对样本的选取进行了精心的设计。

论文使用了1925年12月至1933年7月间纽约证券交易所股票借贷市场的交易数据③，共有8 130个月度观测，涉及股票211只，其中167只股

---

① 20世纪二三十年代的股票借贷利率就是现在股票借贷市场的返还率。可以用下面的例子来解释什么是股票借贷利率：假设A将股票借给B，并收取一定的股票借出费用。B用借来的股票卖空，若股票卖出，则股票卖出所得归A所有。为了借得股票，B必须向A缴纳抵押物（通常为现金），A则需要向B支付抵押物的利息。当股票借贷结束，B将股票归还给A，A则将抵押物归还给B。股票借贷的期限通常为1天，这一天的利率称为股票借贷利率，即A向B支付的抵押物利息减去A向B收取的股票借出费用。

② Lamont（2004a）指出，股票借贷利率是供给和需求共同作用的结果，但是若不能区分哪种因素占主导地位，实证研究的结果就会受到影响。

③ Lamont教授的个人主页提供了论文的数据：http://mba.yale.edu/faculty/profiles/lamont.shtml。

票在1925年12月进入股票借贷名单（loan list）。[①] 20世纪二三十年代，美国的股票借贷基本集中于纽约证券交易所，相关的股票借贷利率会在《华尔街日报》公布。作者认为，在纽约证券交易所借贷市场交易的股票一定是对其需求较高的股票（因为通过正常的渠道已经不能满足卖空需求），而且卖空成本也比较高。[②]

作者对样本的描述性统计发现，股票一旦进入股票借贷市场的借贷名单，从名单上退出的可能性较小，样本整体的退出概率仅为1%，溢价股票（返还率为负）的退出概率相对较高，达到了5%。整个样本的卖空成本为35个基点每月，若只考虑返还率为正的股票，卖空成本为12个基点每月，这明显高于目前的股票借贷成本。与已在股票借贷名单的公司相比，刚进入股票借贷名单的公司的特征有一定的区别。这些公司规模较小，MB(market to book ratio）比率较高，过去一年的股票回报较其他样本公司高5%。

为了验证假设，论文首先将卖空成本、股票进入借贷名单的时间与ln(M/B)回归（原文表4），发现卖空成本与ln(M/B）显著正相关，说明卖空成本越高，股价越容易被高估。论文还发现，在股票进入借贷名单之前，股票的ln(M/B）值逐渐提高，并在进入股票借贷名单的前一个季度达到最大值（比平均水平高30%）。随后，ln(M/B）值就逐渐下降，这说明股票价格由于卖空被进一步修正和调整。

上面的回归并没有控制风险因素和企业增长率，因此，论文采用了未来一个月的回报（包括原始回报和规模调整回报）作为因变量。回归结果（原文表5）发现，NewQ1类型的公司[③] $t+1$ 月的股票回报最低，而且NewQ2和NewQ3也显著为负，表明股票在进入股票借贷名单前的几个月股价就被高估。为了进一步验证假设的正确性，论文控制了规模、惯性（momen-

---

① 进入股票借贷名单就是指进入纽约证券交易所的股票借贷市场公开交易。

② Lamont（2004b）认为，若股票借贷市场不是全国性的市场和清算价格，则返还率只能部分体现供求关系。

③ 假定当前时期为 t 月，NewQ1类型的公司（NewQ1＝1）是指在 t 月前的第一个季度（$t-2$ 月至 t 月）首次出现在股票借贷名单中，并且在 t 月仍然在股票借贷名单中的公司；NewQ2类型的公司（NewQ2＝1）是指在 t 月前的第二个季度（$t-5$ 月至 $t-3$ 月）首次出现在股票借贷名单中，并且在 t 月仍然出现在股票借贷名单中的公司；NewQ3的定义同NewQ1和NewQ2。

tum)、行业等因素，NewQ1 仍然显著为负。以上结论证实了卖空者能够识别哪些股票被高估。

但是，论文发现（原文表 7）卖空成本并不能完全解释股价被高估。Fama and French（1993）认为市场（market)、规模（size）与市账率（book to market）是解释股票回报的三个重要因子，论文在控制三因素之后，结论依然成立（原文表 8）。也就是说，投资者若依据上面的结论，构造一个卖空新进入借贷名单股票的投资策略组合，即使在考虑了卖空成本之后，仍然会获得显著的超额回报。作者认为，投资者不愿意卖空或者存在借贷利率不能衡量的卖空成本是上述现象的主要原因。

基于上述分析，论文发现，那些卖空成本较高的公司，随后的股票回报下降，说明这些股票的股价被高估，从而验证了论文的基本假设。论文的主要贡献体现在两个方面：第一，与 D'Avolio（2002），Geczy et al.（2002）的结论一致，论文再次证明存在卖空限制；第二，论文发现，那些卖空成本很高的股票其随后的股票回报较低，从而证明了股价被高估。那些新进入股票借贷市场的股票，股价明显被高估。在股票进入借贷名单时，股价达到最高点，在此之后股价下降。

但是，作者并没有很好地解释为什么卖空成本不能完全解释股价被高估。该问题引发了许多后续研究。例如，Jones（2003）分析了 20 世纪 30 年代美国证券市场的三种卖空限制因素；Lamont（2004a）认为卖空限制除了卖空成本，还有法律环境、司法调查等因素。还有学者从投资策略的角度对本论文作了进一步的发展。例如，Diether et al.（2007）证明利用股票卖空的信息构建投资策略能获得显著的超额回报。

参考文献

D'Avolio，G.. 2002. The Market for Borrowing Stock. *Journal of Financial Economics* 66：271－306

De Long，J. B.，A. Shleifer，L. Summers，and R. Waldmann. 1990. Noise Trader Risk in Financial Markets. *Journal of Political Economy* 98：703－738

Diamond，D.，and R. Verrecchia. 1987. Constraints on Short-Selling and Asset Price Adjustment to Private Information. *Journal of Financial Economics* 18：277－311

Diether，K. B.，K. H. Lee，and I. M. Werner. 2007. Short-Sale Strategies and Return Predictability. *Review of Financial Studies*，forthcoming

Fama，E.. 1970. Efficient Capital Markets：A. Review of Theory and Empirical Work. *Journal of Finance* 25：383－417

Fama，E. F.，and K. R. French. 1993. Common Risk Factors in the Returns on Stocks and Bonds. *Journal of Financial Economics* 33：3－56

Geczy，C.，D. Musto，and A. Reed. 2002. Stocks Are Special Too：An Analysis of the Equity Lending Market. *Journal of Financial Economics* 66：241－269

Jones，C. M.. 2003. Shorting Restrictions，Liquidity，and Returns. Working paper，Columbia University，New York，NY

Lamont O. A.. 2004a. Go Down Fighting：Short Sellers vs. Firms. Working Paper，Yale University，New Haven，CT

——. 2004b. Short Sale Constraints and Overpricing. in *The Theory and Practice of Short Selling*：1053－1121.（Fabozzi，F. J.，eds. 2004. *The Theory and Practice of Short Selling*. New Jersey，The United States of America：John Wiley and Sons.）

Miller，E.. 1977. Risk，Uncertainty and Divergence of Opinion. *Journal of Finance* 32：1151－1168

4.6 观念差异和横截面股票回报

Diether，K.，C. Malloy and A. Scherbina. 2002. Differences of opinion and the cross－section of stock returns. *Journal of Finance* 57：2113－2141

Diether et al.（2002）这篇文章应当说是金融和会计领域非常有名的一

篇，它既发现了美国资本市场上的一种回报异象，同时也对这种异象的产生及存在从套利成本的角度提出了一种解释。另外，这篇文章跳出了传统的分析师盈利预测的研究范围，从回报异象的角度对一个很老的研究对象提出了新的研究问题。

这篇文章的核心研究问题就是证券分析师盈利预测的差异程度是否能够预测股票未来的回报，同时对可能存在的这种预测关系提出可靠的解释。对于分析师的盈利预测与未来回报之间的关系，在本篇研究之前已经有一些规范性研究进行了讨论（对于规范性研究需要特别注意不同研究中作者提出的前提假设）。根据这些规范性研究，作者首先提出了三种竞争性假说。

第一种观点是将分析师盈利预测的差异程度视为投资者对该股票价值的观念差异。这一假说的基础来自 Miller（1977）的推论：当股票的估值产生差异的时候并且卖空机制存在阻力时，具有悲观情绪的股民不能通过卖空这些股票来传递他们持有的负面信息，所以股价总是反映更为乐观的投资者的观点，也就造成了股票价格的高估，导致后来的低回报。另外，即使没有乐观的投资者，如果存在卖空阻力，一个具有信息优势的投资者仍然不能卖空股票；或者具有信息优势的该投资者本身就同意市场的估价。而有限理性的投资者在这种情况下却有可能做出错误的推断，他们可能认为具有信息优势的投资者不交易的原因就是股票的市场价格正符合它的基本价值；这种情形下，有限理性的投资者即使观测到了信息优势投资者不交易，也不会调低他们的估价，造成股价仍然被高估。

在上面这种观点下，如果投资者对股票估价的差异性越大（无论是过度自信还是有限理性投资者对于信号的错误推断造成的），股票的市场价格就会更高于它的真实价值，它们的长期回报就会更低。虽然 Miller（1977）的模型集中在卖空限制，实际上任何可能妨碍负面观点在市场上体现的阻力都会造成盈利预测差异性与未来回报之间的负相关性。

第二种观点虽然同样认为盈利预测的差异性代表了投资者对股票价值观念的差异，但认为这并不会造成股价是有偏的，因此未来回报与盈利预测的差异性是独立的。这种预期来自 Diamond and Verrecchia（1987），该模型的核心假设是整个市场的做市商对于市场的经济环境有完美的知识并且能够根据贝叶斯法则在极短的连续交易下更新知识。同样，Hong and Stein（2000）在引进了竞争性的、风险中性的以及没有面对卖空限制的完美理性的套利者的情况下，也得到了非有偏股价。因此，这两个模型都认为预测的差异性与股票未来回报没有关系。

第三种观点将分析师预测的差异性看做一种风险。没有充分分散化的投资者往往会要求更高的回报来补偿他们持有股票的特殊风险。由于分析师盈利预测的差异性可能意味着一种更加波动、更加难以预测的盈利，预测差异大的股票应当获得更高的回报；同时分析师预测的差异性对于未来回报应当在已有的风险因子上有增量的解释能力。

综上三种观点，第一种假说预测分析师盈利预测的差异性与未来回报是负相关的；第二种假说预测没有相关性；第三种假说预测一种正向关系。通过对分析师盈利预测差异性与未来回报关系的研究，不仅可以看出分析师观念的差异在预测回报上的作用，同时也可以对以上三种假说进行检验，也就为上述关系的存在提供了解释。从直觉上来说，第二种假说肯定是不成立的，因为其模型的假设要求过于苛刻，实证研究所体现的现实世界肯定不可能满足这些假设条件。

本文实证研究中回报率数据来自 CRSP 月度股票综合文档，它包含了 NYSE，AMES 和 NASDAQ 的股票。另外，会计数据来自 COMPUSTAT。分析师盈利预测的相关数据来自 I/B/E/S，并且使用的是原始的预测数据。样本时间段是从 1983 年 1 月至 2000 年 11 月。实证检验首先按分析师预测差异性大小构建投资组合，以观察未来回报表现；然后进行回归分析，控制其他可能的风险对未来回报的解释作用。

分析师盈利预测的差异程度的衡量指标 Dispersion 是将该股盈利预测的标准差用该股盈利预测均值的绝对值进行标准化。然后每个月初按上个月的 Dispersion 将所有股票按差异程度从大到小分为 5 组。统计结果显示，Dispersion 小的组合每年比 Dispersion 大的组合回报高出 9.48%，并且统计上显著；其中 68.4%的超额回报来自卖空方。同时为了验证 Dispersion 所带来的回报效应是否仅仅是以往异象的另一种体现，作者进行了多种交叉分组检验。以规模分组后再按 Dispersion 分组的结果显示，Dispersion 所产生的异象主要集中在小规模公司中，但结果依然显著成立；在按规模、账面资产市值比例分组后再按 Dispersion 分组的结果仍然支持了 Dispersion 异象的存在性；最后按规模、惯性现象（momentum）分组后再按 Dispersion 分组的结果也得出了一致的结论。这些结果都可靠地说明了 Dispersion 效应的存在性，同时 Dispersion 现象是不能被规模、账面资产市值比和惯性现象所涵盖的。当然，为了使结果更可靠，作者还使用了 Fama-French 三因素时间序列调整法以及加入了惯性效应的四因素调整法来检验 Dispersion 异象超额回报的显著性，结果仍然显著成立且支持了第一种假说。

作者并没有停留在异象的发现和解释上，他们进一步研究是什么因素使得 Dispersion 如此重要。采用 Fama and MacBeth 横截面回归的方法，作者发现 Dispersion 与公司的 β、盈利的波动性以及过去回报的标准差是高度正相关的。因此，从这个角度来说 Dispersion 也不可能是一种风险的度量，否则就会产生风险越大收益越小的推论，这显然与金融学的基本观点相悖。作者最后还用了许多稳健性测试来支持前面的结论，这里就不再一一列举。

综上所有计量检验，这篇文章还是比较可靠地说明了分析师预测差异性高的股票未来的回报比较低。同时实证结果说明了这种差异程度不是一种风险，而应当体现投资者对于股票价值观点的差异性；本文的结论证明只要有悲观投资者不参与交易，股价将反映乐观者的观点。

本文的理论假设推出、研究设计都是非常值得称道的。尤其是从理论模型出发将一个未被检验的模型发展成为一个实证研究的话题更是值得我们学习和借鉴的，至少说明做研究需要关注不同领域方法内的最新研究动向。但是文章中有一点还是值得推敲的，就是作者在说明假说 3 时，并没有就分析师盈利预测的差异程度与风险的关系提出支持或否定的证据。作者认为差异程度越高实际上代表的是高风险，但是以往文献并没有说明差异程度是否与预测准确性有关。如果差异程度越大，其均值或中位数与真实盈利的差异越小，那么差异化程度实际上体现了一种信息风险，差异程度越大信息风险就越小，因此未来的回报自然也就更小。因此，为了更可靠地推出第三种假说，作者还需要更加严密的推论。

另一个值得注意的就是 I/B/E/S 数据库数据本身的可靠性问题。最近已经有研究指出，I/B/E/S 数据库存在事后更改的现象。也就是在 I/B/E/S 上披露预测信息的分析师在做出预测一段时间后，上网将以前那些不准确的预测更改。如果是这样，分析师肯定会修改那些事后表现良好公司的预测，而不会去修改那些事后表现差公司的预测。这样按照本文的证券组合构成方法来看，分析师预测差异小的组合是由于分析师事后更改造成的，显然会存在文中发现的现象。一种可能的方法就是检验分析师预测 Dispersion 的时候在时间序列上存在差异性。但是，这些小问题不会对文章的贡献产生任何影响。

随着中国股市证券分析师预测的增加，我们也应当研究一下 Dispersion 异象是否在中国存在。中国股市由于本身就存在卖空限制，我们实际上应当发现 Dispersion 异象的存在。如果没有发现，则说明观念的差异是无法解释未来回报的。事实上，Lui（2003）运用 1997—2000 年 I/B/E/S 以中国 B 股和 H 股公司盈利预测为研究对象，发现了与 Diether et al.（2002）同样的结论，分析师的预测差异性越大，公司未来的股票回报越低。但是针对 A 股公司的研究目前仍然是个空白。

参考文献

Diamond，D. W.，and R. E. Berrecchia. 1987. Constraints on Short-selling and Asset Price Adjustment to Private Information. *Journal of Financial Economics* 18：277-311

Hong，H.，and J. C. Stein. 2000. Differences of Opinion，Rational Arbitrage and Market Crashes. Working Paper，Stanford University

Lui，M. C. G.. 2003. Disclosure and Market Consequences of Firm-specific News Announcement in the Emerging Market of China. A Thesis for the Degree of Doctor of Philosophy in Accountancy. The Chinese University of Hong Kong

Miller，E. M.. 1977. Risk，Uncertainty，and Divergence of Opinion. *The Journal of Finance* 32：1151-1168

第 5 章

套利风险与市场有效性

5.1 本章概述

不仅套利成本会阻止套利者消除错误定价，套利风险也有相同的效果。传统的金融理论认为，只有市场风险是一个需要定价的风险因素。一个股票总风险中和市场风险无关的风险（非系统风险，idiosyncratic risk）是可以通过持有足够大的投资组合分散掉的，因此非系统风险不影响股票的回报。

Shleifer and Vishny (1997) 精辟地指出了在现实生活当中这个假设是很难成立的。首先，投资者不一定持有市场组合，从而分散掉非系统风险。第二，在套利活动中使用对冲策略时，套利者不见得可以找到两组具有完全替代性的股票来互相对冲掉各自的风险。第三，因为大部分机构投资基金在使用其他投资者的资金运作，基金投资者往往按季度来评估基金业绩。一旦基金业绩不好，很容易造成投资者撤出资金，在这种情况下，即使基金正在运作的套利策略持有到期是盈利的，也不得不提前清仓，以归还投资者资金。提前清仓往往导致一个持有到期的盈利策略实际上亏损了。

面对这些套利风险，套利者即使发现了错误定价，如果套利回报不能够为承担套利风险提供足够的补偿，套利者也不会套利，从而使错误定价存在下去。

和套利成本一样，套利风险的研究也还处于起步阶段。套利风险和套利成本一样难以直接衡量。所以本章回顾的文章还都属于探索性的文章。

Lee et al.（1991）是较早研究套利风险的文章。本文的目的不是衡量套利风险的幅度，而是指出套利风险的存在。封闭式基金每天都要公布资产净值，即其持有的所有证券当天市场价值的总和。同时，基金本身又在市场上交易，有自己的价格。如果市场是有效率的，基金的价格应该等于资金净值。但是，长期以来，基金的价格往往小于其资产净值（折价）。

这个现象很“异常”，就像一个苹果卖 2 元，一个橘子卖 1 元，但是如果把苹果和橘子一起卖就卖不到 3 元钱。Lee et al.（1991）的贡献是指出基金折价是受到投资者情绪（investor sentiment）变动的影响。投资者情绪对证券价格的影响为套利者带来了风险，因此他们不能铲除错误定价。Lee et al.（1991）引起了后续大量的研究，套利风险逐渐成为人们认识市场有效性的一个很重要的问题。

Wurgler and Zhuravskaya（2002）提出了一种间接衡量套利风险的方法，即衡量是否能够找到目标股票的完全替代性股票（perfect substitute）。本文的贡献在于从实证上证明了完全替代性股票是很难取得的，因此，套利是有风险的。风险越大，错误定价越不容易被消除。

遗憾的是，迄今为止，衡量套利风险的研究成果不是很多。普遍接受的套利成本的衡量指标是股票的非系统风险（idiosyncratic risk）在一段时间内，把股票回报回归到市场指数回报上去，回归残差的标准差作为对套利风险的代理变量。

Ali et al.（2003），Mendenhall（2004），Mashruwala et al.（2006）综合了套利风险和套利成本研究的发现，用这些阻止套利的因素检查三个异象：账面/市值比异象、盈余公告后漂移异象和应计异象。这些文章的目的是验证套利成本和套利风险是否造成错误定价不能被迅速铲除，并且造成了异象的持续。文章的结果基本支持这个预测。套利成本和套利风险越大，异象越严重，即错误定价越严重。

总之，迄今关于套利成本和套利风险的研究虽然还处于起步阶段，但是已经严重冲击了有效资本市场假说关于套利无成本、无风险的假设，对有效资本市场假说提出了挑战。这方面的研究将是未来一个令人激动的领域。

5.2　投资者情绪与封闭式基金折价之谜

Lee, C. M. C., A. Shleifer, and R. Thaler. 1991. Investor sentiment and the closed-end fund puzzle. *Journal of Finance* 56: 75-109

异象的存在，对有效市场理论提出了严峻的挑战。所谓异象，是指那些无法用CAPM或其他任何理性定价模型所解释的金融现象，如规模效应（Banz，Rolf，1981）、赢家—输家效应（winner-loser，DeBondt，W.，and R. Thaler，1985）、惯性效应（momentum effect，Jegadeesh，N. and S. Titman，1993）、应计异象（Sloan，Richard. G.，1996）、封闭式基金折价之谜（Zweig，1973）等。特别是封闭式基金折价的长期存在，对传统的有效市场理论提出了质疑，因为封闭式基金的交易价格小于该基金的单位资产净值，而假如市场有效的话，封闭式基金的交易价格应约等于该基金的单位资产净值。

Lee，C. M. C. et al.（1991）从行为金融学的角度，对封闭式基金折价之谜进行了解释，较圆满地回答了这个问题。作者认为，投资者情绪（investment sentiment）可以解释封闭式基金折价之谜，即持有封闭式基金的风险除了基金标的资产投资组合的风险外，还有噪音交易者风险，而且这种风险是系统性的，因此，只有在补偿了噪音交易者风险后，理性交易者才有意购买基金，这意味着基金以折价进行交易；新基金之所以能够发行而且溢价发行，是由于投资者的盲目乐观和过度自信，对封闭式基金表现出乐观情绪，被聪明的投机者所利用的结果；基金折价波动是由于噪音交易者对封闭式基金未来收益的情绪化会产生随机波动；最后，当封闭式基金转为开放或者被清算时，噪音交易风险消失，折价随即消失。这篇文献是行为金融学的经典文献之一，提出了著名的投资者情绪假说，也是行为金融学引用率较高的一篇文献。

封闭式基金指基金资本总额和基金的股份在发行之前就确定下来，在发行完毕和规定的存续期内都保持不变的基金。由于封闭式基金的价格由供求关系所决定，其市场价格可能高于也可能低于资产净值，但绝大部分基金通常保持 20%的折价，这被称为封闭式折价基金之谜（Zweig，1973）。事实上，完整的封闭式基金折价之谜包括四个部分（Lee，C. M. C.，1991）：第一，封闭式基金通常是溢价发行；第二，封闭式基金交易后几个月内，交易价格逐步从溢价转为折价；第三，随时间推移，封闭式基金的折价水平不断变化，而且有一种均值回复的趋势；第四，当封闭式基金清算或转为开放式基金时，折价将持续减少进而消失。

许多学者对封闭式基金之谜进行了研究，提出了多种假说。Boudreaux（1973）提出了代理成本理论，认为代理成本如基金管理费等的存在，导致基金市场价格小于其资产净值，但该理论无法解释折价的大幅变化，因为管理费用并无剧烈变化。而资产的流动性理论则认为，基金持有大量交易受限制的股票或大宗股票，导致基金的清算收入低于资产净值。但这个理论只能支持一些特定基金的折价，而且也无法解释“封闭式基金之谜”的其他部分。资本利得税理论则认为，投资者购买了含大量未实现资本升值的封闭式基金时，需要承担潜在的资本利得税负。这部分税负会减少基金资产的清算价值，但并没有计入资产净值的标准计算公式中，但这个理论也无法解释为什么牛市时封闭式基金的折价缩小，因为根据这个理论，市场处于牛市时，未实现增值部分变大从而导致折价增大。这个理论还无法解释为什么有些免税基金也有折价发生。总之这些理论都无法完整解释封闭式基金折价之谜。

Lee，C. M. C. et al.（1991）从 DeLong，J. B. et al.（1990）提出的噪音交易者模型（DSSW 模型，1990）出发，站在行为金融学的角度，通过引入投资者情绪的概念对封闭式基金折价之谜进行了回答。在 DSSW（1990）模型中，有两类投资者。一类是理性投资者，即对资产回报有着理性的预期。另一类是噪音投资者，他们对于资产回报的预期受到他们情绪的支配，即某些时候他们相对于理性预期而言高估了预期回报，而有些时候又低估了预期回报。这两类投资者根据各自的信念在市场上交易资产。DSSW（1990）模型还有两个重要的假设。第一，理性投资者的决策期限较短，因此他们较为关心所持有资产的再出售价格，而非股利现值。由于套利成本的存在，这个假设也是较符合现实的（Shleifer and Vishny，1990）。第二，噪音投资者的情绪是随机的，并且不能为理性投资者所完全预测。这种噪音投资者情绪的不可预测性，向市场上交易的资产施加了一种额外的风险。这种风险就是当理性投资者想再出售资产时，噪音投资者的悲观情绪导致该资产的价格更低。这样，只要理性投资者在未来某一时刻打算再出售资产，就存在噪音投资者发生相反情绪变化的风险。而且，相同噪音投资者情绪的波动影响了许多资产，并且这种影响在噪音投资者之间呈正相关，因此这种风险是不可分散的。最终，受到噪音交易风险影响的资产相比没有受到噪音交易风险影响的资产，有着更高的预期回报率，即这些资产的价格相对较低。

DSSW（1990）认为，封闭式基金提供了一个很好的例子来验证这个理论。因为其他资产的基本价值很难观察，所以投资者情绪是否过于乐观也就很难确定。但封闭式基金不同，当投资者过于乐观时，封闭式基金就以溢价或较低折价进行交易。当投资者过于悲观时，封闭式基金就以较高折价进行交易。在DSSW模型中，持有封闭式基金的风险实际上包含两个部分：一部分是持有基金组合的风险；一部分是投资者对于基金情绪产生变化而带来的风险。而且第二部分风险是一种系统性风险，反映了市场而不仅仅是基金的预期。

Lee，C. M. C. et al.（1991）认为，可以根据投资者情绪理论来解释封闭式基金之谜。

第一，由于投资者情绪的存在，持有基金的风险大于持有基金组合资产的风险，又由于这种风险是系统性的，所以持有基金份额资产的回报率将比直接购买基金组合资产的回报率高。这意味着平均而言，基金将相对于其净值以折价出售，来吸引投资者持有基金份额。这解释了为什么封闭式基金会以折价进行交易。

第二，理性交易者在开始时并不会购买基金。相反，如果他们能借到股票，会选择卖空基金。而某些噪音交易者由于过度乐观的情绪，可能会在开始时购买基金。因此封闭式基金的发行或存在，是聪明的发行人（企业主）利用不够成熟的公众的一种手段。

第三，这个理论表明，封闭式基金折价随着投资者对于未来回报的情绪产生变化而波动。正是折价的随机波动才使得基金具有风险性，从而产生折价。如果折价水平是固定的，那么即使对于决策期限短的投资者而言，买入基金同时卖空组合资产就是无风险套利，从而折价会消失。

第四，当宣告了封闭式基金将转为开放式或者进行清算的消息时，投资者知晓折价变动而导致被迫平仓的风险已经不复存在，于是纷纷买入基金同时卖空组合资产进行无风险套利，最终噪音交易的风险消失，因此折价水平也相应下降。此时，即使存在一小部分折价，这种剩余折价也可能来自于传统的标准解释，如代理成本或未实现资本利得税赋等因素。

投资者情绪理论还有其他一些应用。(1) 基金之间的折价水平及其变化应该是正相关的。因为相同情绪导致了所有封闭式基金和其他一些证券的折价，那么这种情绪的变化也将会影响折价水平的变化。(2) 当老基金增发时（或老基金折价较小时），新的封闭式基金将会发行。尽管可能新基金并不是老基金的完全替代品（如投资理念或新基金存在卖空限制），但还是可以通过二者的比较来检验基金间的这种关系。(3) 如果投资者情绪在套利活动存在时能影响封闭式基金的价格，则该情绪化引起的风险必须是系统性风险，因此影响封闭式基金折价的投资者情绪化必须同时影响其他各种证券，包括与封闭式基金没有关系的一些证券。例如，有可能存在某些股票投资组合，其收益率与封闭式基金的平均折价变化之间存在一定的相关性。基金折价变小时，与基金受到相同投资者情绪化影响的股票组合也应当表现良好，而当基金折价变大时则其相应表现较差。一般而言，个人投资者专注于持有封闭式基金和市值较小的股票，因此市值较小的股票自然就是这类证券的候选者。也就是说，市值较小的股票其业绩表现与封闭式基金折价水平有关。

Lee，C. M. C. et al. (1991) 以纽约证券交易所的 68 只基金为研究对象，分析了这些基金在 1956 年 7 月到 1985 年 12 月间的每周净资产值、股价和每股折价资料。由于数据缺失和有些基金为债券型基金，最后用于计算月度折价水平变动的股票基金大约有 20 只。

Lee，C. M. C. et al. 首先计算了 9 只主要基金月度加权平均折价水平及其变化的相关性，发现大部分基金的折价水平间显示了高度正相关性，而且每个基金与加权平均折价之间的正相关性非常显著，但与加权的股票市场指数之间的相关性几乎为零。如果基金折价由投资者情绪化的变动所驱动，这表明情绪化变化与整个股票市场收益之间不存在高度相关性，因此投资者情绪化的变化确实反映了美国证券市场上单个投资者情绪化的差异。

其次，他们分析了 1961—1986 年间在每年年初上市的股票基金的个数，其中 12 个年份有新基金上市，其他 14 年则没有。他们发现，大量基金上市的时期基本对应了平均折价水平较低的时期。因此新基金发行中的证据与投资者情绪化的假设是基本一致的。

接下来，他们将所有股票按照市值从小到大分成 10 组，第 1 组是 NYSE 中市值最小的 10%股票，而第 10 组则为市值最高的 10%股票。他们发现对于市值最大组的股票，当基金折价变小时，该组股票的业绩表现不佳。而对于其他 9 组股票，当折价变小时股票回报率上升。这支持了投资者情绪化理论预测的封闭式基金折价变动与某些与基金无关的股票收益率相关，只要这些股票也受到相关投资者情绪变化的影响。由于个人投资者是封闭式基金和小股票的主要投资者，因此上述经验证据表明，个人投资者的情绪化对小盘股和封闭式基金的价格有重要影响。但还有一个重要问题没有解决，那就是：如果封闭式基金也参与投资小盘股，那么上述经验证据也可能反映了由于小盘股交易稀少而导致资产净值估计的不准确，从而造成了基金折价与小盘股收益的相关性。但 Lee，C. M. C. et al.（1991）指出，封闭式基金并不投资于小盘股，并以 TRICON 基金为例说明了这一点。

那么上述发现的投资者情绪的因素是否已包含在其他基本风险因素，如宏观经济因素之内呢？Chen，Roll and Ross（1986）曾提出了许多影响股票回报的宏观经济因素，并将其解释为风险因子。但 Lee，C. M. C. et al.（1991）的实证结果表明，基金加权平均折价指数除了与预期通货膨胀率变动有微弱的相关性之外，与其他基金风险因素之间均不存在相关性。因此这里的实证结果并不能由之前的基本风险因素来解释。此外，Lee，C. M. C.

et al.（1991）还在前人的基础上，进一步给出了支持投资者情绪化的其他证据，如当开放式基金的购买大于赎回时，封闭式基金的折价会变小；股票市场上 IPO 发行量与折价相关，当 IPO 数量较多时，折价水平较低等。

总之，Lee，C. M. C. et al.（1991）给出的实证证据，从投资者情绪理论出发，较完整地解释了封闭式基金折价之谜，具有较强的说服力，是一篇重要的经典行为金融学文献。文章的结果支持了 DeLong，J. B. et al.（1990）提出的噪音交易者模型（DSSW 模型），表明资本市场并非完全理性的，由于噪音交易者的存在，理性投资者面临噪音交易风险，而封闭式基金折价的存在就恰恰说明了投资者的非理性和情绪化。这说明，噪音交易风险使得理性投资者的套利存在着局限性（Shleifer and Vishny，1997）。而正是由于这种套利局限性的存在，资本市场很有可能存在某种程度的无效。

参考文献

Banz，Rolf. 1981. The Relationship between Return and Market Value of Common Stocks. *Journal of Financial Economics* 9：3-18

Boudreaux，K. J.. 1973. Discounts and Premiums on Closed-end Mutual Funds：A Study in Valuation. *Journal of Finance* 28：515-522

Chen，Nai-Fu，Richard Roll，and Stephen Ross. 1986. Economic Forces and the Stock Market. *Journal of Business* 59：383-403

DeBondt，W.，and R. Thaler. 1985. Does the Stock Market Overreact? *Journal of Finance* 40：793-805

De Long，J. B.，A. Shleifer，L. H. Summers，and R. J. Waldmann. 1990. Noise Trader Risk In Financial Markets. *Journal of Political Economy* 98：703-738

Jegadeesh，N. and S. Titman. 1993. Returns to Buying Winners and Selling Losers：Implications for Stock Market Efficiency. *Journal of Finance* 48：65-91

Lee，C. M. C.，A. Shleifer，and R. Thaler. 1991. Investor Sentiment and the Closed-end Fund Puzzle. *Journal of Finance* 46：75-109

Shleifer，Andrei and Robert W. Vishny. 1990. Equilibrium short horizons of Investors and Firms. American Economic Review Papers and Proceedings 80：148−153

Shleifer，Anderi，and Robert W. Vishny. 1997. The Limits of Arbitrage. *Journal of Finance* 52：35−55

Sloan，Richard. G.. 1996. Do Stock Prices Fully Reflect Information in Accruals and Cash Flows about Future Earnings? *The Accounting Review* 71：289−315

Zweig，Martin E.. 1973.，An Investor Expectations Stock Price Predictive Model Using Closed-end Fund Premiums. *Journal of Finance* 28：67−87

5.3　套利是否使得股票的需求曲线趋于水平呢?

Wurgler，Jeffrey，and Katia Zhuravskaya. 2002. Does arbitrage flatten demand curves for stocks? *The Journal of Business* 75：583−608

行为金融学的产生是对有效市场的挑战，其直接的证据就是各种异象的产生。这些证据已经在本书第 2 章进行了讨论。但是在行为金融学的研究中，解释异象的产生实际上比发现异象的存在重要得多，它更能帮助我们认识市场的行为方式。对于异象产生的原因目前的研究主要集中在套利成本与套利局限性两个方面，Wurgler and Zhuravskaya（2002）实际上就是从套利局限性方面提出了一种解释，他们指出由于套利是存在风险的（套利风险），因此导致了市场的非有效性和各种异象的存在。

Wurgler and Zhuravskaya（2002）对于套利风险导致套利局限性的研究是在股票需求曲线的大框架下展开的。根据经典的经济学和金融理论，由于股票实际上只是未来现金流索取权的抽象权利，并且未来现金流是可以由其他股票的现金流替代或组合而成，那么每只股票都可以找到直接或间接（股票组合）的替代品。根据这一推理，股票的需求曲线理论上应当是水平的，因为投资者可以在完全替代股票之间进行套利。无风险套利的假设是整个金融理论的基础，包括套利定价理论（APT）、资本资产定价模型（CAPM）、净现值准则（net present value rules）以及 MM 定理（Modigliani-Miller theorems）都是基于此。事实上套利策略在实践中的确也得到了广泛的应用，如著名的长期资本管理公司（Long-Term Capital）。但不可否认的是，无风险套利的假设是有很大疑问的，其中最大的问题便是个股事实上在实践中很难找到完全替代品（perfect substitute），而如果没有完全替代品，套利策略就是有风险的。

在这样的背景下，从实证研究的方向来研究无风险套利是否可行就非常有意义。Wurgler and Zhuravskaya（2002）从研究股票的需求曲线出发来考察这个问题，他们选取的股票是被加入 S&P 500 指数的股票；研究方法是事件研究方法，考察的是每只股票被宣布加入指数后窗口期的价格表现。在美国有很多指数基金（index fund），它们实时将自身的头寸调整成指数组合。如果某只股票被宣布加入指数，那么这些指数基金将大量购入该股票，造成股票超额需求激增。此时如果在市场上存在该股票的完全替代品，套利者将很快卖空该新增指数股票而买进替代品，这样的套利策略是无风险的。所以综合股市各方力量，股票的需求曲线仍然是水平的，也就是该股票在窗口期不会有异常回报。但是如果该股票不存在完全替代品，套利策略就是有风险的，风险规避的套利者就不会进行套利，造成指数基金的超额需求无法满足或过度满足；因此股票的需求曲线非水平而是向下倾斜，窗口期该股票会有超额回报。Wurgler and Zhuravskaya（2002）的研究证实了股票曲线是非水平的，也就说明了完全替代品是不存在的，因此套利是有风险的。而套利风险正是各种异象的一个重要原因。

作者的研究设计主要采用了两个部分。第一部分通过理论模型刻画了一个简单的股票需求模型，但是在这个模型中考虑了套利风险，因此需求曲线将不再是水平的。第二部分通过实证的方法对理论部分的预测进行了验证。

5.3.1 理论模型

Wurgler and Zhuravskaya（2002）假设市场存在两种投资者：套利者

(arbitrageurs) 和非套利者 (nonarbitrageurs)。两者的区别在于：(1) 套利者对于股票的基本价值有着正确和相同的估价；(2) 套利者只能进行净头寸为零的投资，即空头头寸投资额等于多头头寸投资额。在这些基本假设下作者得到了股票的需求曲线。

1. 套利者的股票需求曲线

$$x_j^a = \frac{\overline{R_j}}{kA_j}$$

$$A_j \equiv \min_{xi:i\neq j} \mathrm{Var}(\overline{R_j} + \sum_{i\neq j} \overline{R_i} x_i) \text{ 且 } \sum_{i\neq j} x_i = -1$$

式中，k 代表了套利者的绝对风险厌恶水平；A_j 代表了 j 股票的套利风险，它是套利者能够建立的投资组合中方差最小组合的方差。如果假设 $P_j^* = E[P_{j1}]$ 且 $\overline{R_j} \approx 1-(P_j/P_j^*)$，套利者的超额股票需求曲线就是平面 $(x, P_j/P_j^*)$ 里截距为 1、斜率为 $-kA_j$ 的直线。直观上可以看到，如果套利者的风险厌恶为零且股票 j 有完全替代品，那么超额股票需求曲线就是水平的。

2. 非套利者的股票需求曲线

$$x_j^{na} = \frac{\overline{R_j}}{h_j}$$

式中，h_j 代表非套利者对股票 j 基本价值信念的异质性。

假设股票价格等于基本价值时非套利者的超额需求为零以及 $\overline{R_j} \approx 1-(P_j/P_j^*)$，非套利者的超额需求就是在平面 $(x, P_j/P_j^*)$ 里截距为 1、斜率为 $-h_j$ 的直线。

3. 总需求曲线和突发需求导致的错误定价

将套利者需求和非套利者需求简单相加，就得到了市场的总需求曲线：

$$\frac{P_j}{P_j^*} = 1 - \frac{x_j^{agg}}{\frac{1}{kA_j} + \frac{1}{h_j}}$$

假设 $t=s$ 时出现了突发股票需求，并且这种需求是外生性的，即它不反映公司股票价格的任何基本信息（股票被加入 S&P 500 的信息正是这种性质的信息）。此时，套利者和非套利者共同提供指数基金的股票需求，并且假设股票 j 在 $t=0$ 时被正确定价，即 $P_{j0}=P_j^*=E[P_{j1}]$，所以股票需求曲线成为：

$$\frac{P_{js}}{P_{j0}}=1-\frac{S}{\frac{N}{k_{Aj}}+\frac{1}{h_j}}$$

可以看出当股票被加入 S&P 500 后，指数基金会出现较大的突发需求。此时，如果该股票没有完全的替代品，只有资本有限和风险厌恶的套利者，非套利者对股票的基本价值存在分歧，股票的总需求曲线就不是水平的而是严重倾斜的；所以这样的情况下，股票价格对于异常的突发需求反应就会很大。如果实证检验发现股票被加入 S&P 500 的窗口期有异常的回报，就说明股票需求是非水平的，也证明了套利是存在风险且不完全的。

5.3.2 实证检验

根据前面的理论模型，可以预测在股票被加入 S&P 500 综合指数组合后的窗口期内，高套利风险的股票有更倾斜的需求曲线，并且超额收益的程度受两个因素的影响：（1）股票总需求曲线的斜率；（2）突发股票需求的规模。作者指出如果套利风险是决定股票需求曲线斜率的因素，股票在窗口的超额回报在控制了突发股票需求规模后对套利风险高的股票更大。

作者选用了 1976 年 9 月 22 日至 1989 年 9 月 30 日之间被加入 S&P 500 的 278 个股票事件，最后的样本包含了其中的 259 只股票。描述统计发现在事件日这些样本的超额收益为 3.29%，而市场的回报率为 3.16%。作者用两种方法构建替代组合：市场组合及同行业规模和账面市值比最接近的 3 家公司，最后的套利风险就定义为净头寸为零的买入目标公司股票卖空替代股票策略的方差；突发股票需求可以通过标准普尔信息比较容易地算得。

实证结果表明，两种套利风险衡量指标的结果是高度相关的（98%），并且替代组合只能对冲掉标的股票风险的1/5，很少的股票能达到3/5；并且对有些股票来说，替代组合基本不能对冲掉标的股票的风险。这说明完全的替代品是不存在的，这样套利策略不是无风险的，而是有风险的。这一结论实际上就说明了套利风险的存在，而套利风险导致了套利的局限性。在证明了套利风险的存在后，作者接下来用简单的OLS检验了套利风险是否可以解释股票被加入S&P 500事件日的超额回报。

回归结果说明套利风险和突发股票需求对于股票被加入S&P 500公告事件日的超额回报都有显著的解释作用，这说明公告日的超额回报对于没有相近替代品的股票和突发需求特别大的股票显著的高，也就是这两类股票的需求曲线斜率最大。另外，进一步的回归分析还说明标的股票风险中能够被替代组合对冲掉的部分对事件日的超额回报是没有解释作用的，只有不能对冲掉的部分才有解释作用，而这一剩余部分正是套利风险。同时，回归结果也说明套利风险和突发股票需求对超额回报有交互作用。

综上所述，本文的理论和实证研究结论都说明套利风险的存在使得套利策略不能将股票的需求曲线压成水平的，其中的部分原因就是完全的替代品在股票市场上是不存在的（即套利的局限性）。同时研究结果也说明股票间的对冲套利实际上风险还是很大的。从这个意义上来说本文的贡献是相当大的，因为行为金融学的研究最重要的是回答为什么套利策略不是完全有效的。本文的结论就说明由于市场缺乏完全的替代品这一风险本身就足够说明套利策略的非完全有效性，因此套利风险也是导致市场非有效性的因素之一，其他因素还有：(1) 信息和交易成本（Stoll，2000）、基本价值信念的异质性（Bagwell，1992）、噪音交易者情绪化风险（De Long et al.，1990）、卖空限制（Chen et al.，2002），以及代理套利中的代理成本（Shleifer and Vishny，1997）。但是和其他套利局限性影响因素不同的是，套利风险相对来说非常容易衡量，这也是本文能够直接运用实证检验的原因。

今后针对套利风险对定价影响的实证研究可以从两个方面展开：

第一类继续支持或反驳突发股票需求导致的股价反应是由套利风险引起的。事件日的股价反应有可能是由其他影响基本价值的信息所引起的，要找到像被加入S&P 500的股票作为样本的研究设计是非常困难的，因为股票被加入 S&P 500 窗口期内一般不会有其他影响价值的信息披露。

第二类研究可以探讨套利风险对套利的影响程度。比较流行的研究假设就是真正的异象都是集中在套利最困难的组合里，即套利风险大的投资组合内部。如 De Long et al.（1990），Pontiff（1996）和 Shleifer and Vishny（1997）都发现了类似的现象。

虽然本文的研究设计非常稳健，结论的意义非常重大，但不可否认还有一个非常关键的问题存在，那就是股票替代组合的选择上。作者只构建了两种替代组合，一是市场组合；二是行业、规模、B /M 配对后最相近的三只股票组合。作者这么做就人为地确定了最后的套利对冲替代组合。但这么做缺乏理论和实证的支持，很有可能这两种组合都是一般股票的替代组合，因此才会出现计量上比较大的套利风险。有可能本文中的套利风险还能够被其他股票进一步对冲掉，这样本文结论的可靠性就会受到质疑，今后的研究应当从理论和实证上找到更可靠的套利风险的衡量方法。

参考文献

Bragwell，L. S.. 1992. Dutch Auction Repurchases：An Analysis of Shareholder Heterogeneity. *Journal of Finance* 47：71－105

Chen，J.，Hong，H，and Stein，J. C.. 2002. Breadth of Ownership and Stock Returns. *Journal of Finance* 42：557－581

De Long，J. B.，Shleifer，A.，Summers，L.，and Waldmann，R.. 1990. Noise Trader Risk in Financial Markets. *Journal of Political Economy* 98：703－738

Pontiff，J.. 1996. Costly Arbitrage：Evidence from Closed-end Funds. *Quarterly Journal of Economics* 111：1135－1152

Shleifer，A.，and Vishny，R.. 1997. The Limits of Arbitrage. *Journal of Finance* 52：35－55

Stoll，H. R.. 2000. Friction. *Journal of Finance* 55：1479－1514

5.4　套利风险与 B/M 异象

Ali，Ashiq，Lee-Seok Hwang，and Mark Trombley. 2003. Arbitrage risk and the book-to-market anomaly. *Journal of Financial Economics* 69：355－373

异象的存在对资本市场有效性提出了极大的挑战，对它的研究始于 Basu (1977)，他提出了盈余价格比效应（E/P effect），高盈余价格比的股票比低盈余价格比的股票赚取更高的回报。进一步研究显示，盈余价格比对股票横截面回报的解释可以吸收规模和市场 β 的影响（Basu，1983）。除了 E/P 效应，Banz（1981）还提出规模效应（size effect），小公司比大公司有更高的风险调整回报。Stateman（1980）和 Rosenberg et al.（1985）提出账面市值比效应（B/M effect），高账面市值比的股票比低账面市值比的股票具有更高的回报率。为了维护资本市场有效性假说，Fama-French 提出用三因素解释异象的存在，但是在其后的研究中发现，在控制了三因素之后异象仍然存在。于是学者们开始用套利成本和套利局限性来对异象做出进一步的解释。

这篇文章研究的核心问题，正如题目所述的那样，研究套利风险与 B/M 异象之间的关系，在控制了套利成本变量之后，用套利风险来解释资本市场上的异象问题。文章区分了资本市场上异象的存在是由于风险造成的还是由于错误定价造成的。首先，作者分析了套利风险的存在、交易成本的构成以及投资者老练程度；然后，作者分别用单变量分析方法和多变量分析方法验证了假设。文章的结论与 Shleifer and Vishny（1997）的结论一致，套利回报的波动性（return volatility）妨碍了套利行为，并且是 B/M 效应持续存在的重要原因。

文章并没有明确地提出假设，但是假设包含在文中。许多文献研究买入高 B/M 股票和卖出低 B/M 股票的投资组合 3～5 年的预期回报。关于这个有两种完整的解释：一种认为基于 B/M 投资组合回报代表着对风险的补偿

(Fama and French，1992，1993，1997)；另一种解释认为基于 B/M 投资组合回报是由于极端 B/M 证券的系统性错误定价（systematic mispricing)。支持错误定价解释的研究指出，市场参与者低估高 B/M 股票的未来盈余，高估低 B/M 股票的未来盈余（La Porta et al.，1997；Skinner and Sloan，2002)。如果 B/M 效应代表由于预期的系统性偏差而导致的错误定价，那么为什么专业套利人员没有发现这样的机会并且马上消除错误定价呢?

套利资源集中于少数专业投资者手中，他们是风险规避型，并且主要关注投资组合的特定风险。Shleifer and Vishny（1997）认为套利是有成本的，只要套利成本超过套利回报，那么任何系统性错误定价不会马上消失，并且股票的波动性将会阻止套利活动。如果 B/M 是由于错误定价造成的，那么根据 Shleifer and Vishny（1997）的观点，对于预期股票回报波动较大的股票而言 B/M 效应也越大。据此提出假设：（1）套利风险越高，B/M 异象越大，并且具有增量解释效应；（2）交易成本越高，投资者越不成熟，那么 B/M 异象越大。

文章选取了 1976—1997 年 22 年间在 NYSE 和 AMEX 上市的所有公司，账面价值数据来自 Standard and Poor's Compustat 数据库，随后三年的股价和回报数据来自 CRSP 数据库。B/M 按照$t-1$ 年的账面价值除以 t 年 6 月末股票的市场价值计算。剔除账面价值是负的公司和 B/M 值最高和最低各 0.5%的公司，最后的数据是64 486个公司年度数据。文中最重要的几个变量的名称和含义如表 5—1 所示。

表 5—1　　变量名称及含义

变量名称	含义
Ivolatility	用截至 t 年 6 月 30 日不超过 250 天期间的每日回报对价值加权市场指数回归，计算残差方差（variance of the residuals)
Bid-Ask	$=\frac{\text{bid-ask}}{0.5*(\text{bid}+\text{ask})}$，每月最后一个交易日最后一小时的平均值，从 $t-1$年的 7 月至 t 年 6 月
Price	t 年 6 月每股收盘价
Volume	$t-1$ 年 7 月 1 日至 t 年 6 月 30 日的年交易量
Inst%	$t-1$ 年末机构持有的股票比例

续前表

变量名称	含义
Zerofreq	t−1 年 7 月至 t 年 6 月 30 日零回报出现的频率
Analysts	t 年 5 月 I/B/E/S 数据库中分析师估计的数据，如果没有包括在该数据库中，那么为 0
Inst＃	t−1 年末公司机构所有者数量
ME	t 年 6 月末股票的市场价值，以百万美元计算

文章首先进行单变量检验，采用分组测试的方法对假设进行检验。对数据从两个维度进行分组，首先按照 B/M 的值从小到大分为 5 组（Q1～Q5），然后按照 Ivolatility 值从大到小分为 10 组（G1～G10），总共 50 组，每组都有相类似的 B/M 值和 Ivolatility 值。然后计算 50 组投资组合形成之后三年的规模调整超额回报（SRet36）。

对于按照 Ivolatility 划分的 10 个组 G1～G10，分别计算每组的超额回报（Q5−Q1）SRet36（该投资组合是买入 B/M 最大的股票 Q5，卖出 B/M 最小的股票 Q1），通过检验投资组合 G1～G10 是否显著异于 0，得出 Ivolatility 对 B/M 效应是否有影响。经检验，G1 的（Q5−Q1）SRet36 为 0.513，G10 的（Q5−Q1）SRet36 为 0.017，G1～G10 的值为 0.496 且在统计上是显著的。对于单变量检验，文章还采用画直方图的方法进行直观的验证，通过画出 1976—1997 年每年 G1 和 G10 的（Q5−Q1）SRet36，直观地比较得知，在所选取的 22 年样本中，有 20 年 G1 的超额回报高于 G10。同样对投资组合形成后 36 个月的月区间累计规模调整回报画图，可以明显地看出，对于 G1，Q5−Q1 投资组合回报呈递增趋势，而对 G10，Q5−Q1 投资组合回报平稳并且趋于零。

对于其他变量的影响，分析方法重复上述过程，除了：(1) 对变量 Price，Volume，Inst%，Analysts，Ins＃和 ME，G1 代表值最低的一组，而 G10 代表值最高的一组；(2) 对 Analysts，G1 包括分析时为零的所有公司，剩余公司等分为 9 组，按照升序排列。这样的结果支持市场错误定价的解释，并且意味着套利风险是套利者不消除与 B/M 相关的系统错误定价的原因之一。

为了检验套利风险在 B/M 效应中的增量作用（incremental role），使用多元回归检验，回归模型如式（1）所示。

$$SRet36 = b_0 + b_1 Beta + b_2 B/M + b_3 B/M \times Ivolatility^{-1} + b_4 B/M \times Price + b_5 B/M \times Ln(Volume) + b_6 B/M \times Zerofreq^{-1} + b_7 B/M \times Analysts + b_8 B/M \times Ln(ME) + b_9 Involatility^{-1} + b_{10} Price + b_{11} Ln(Volume) + b_{12} Zerofreq^{-1} + b_{13} Analysts + b_{14} Ln(ME) + e \quad (1)$$

沿用 Fama and MacBeth（1973）的检验过程，按照样本年对式（1）进行回归，估计并报告回归系数序列的均值。为了消除序列相关和异方差的影响，使用 Newey and West（1987）计算均值的修正标准差，给出 Newey and West（1987）调整的 T 统计量，检验回归系数序列的平均值是否显著异于零。检验结果是，由于控制了其他变量的影响，$B/M \times Ivolatility^{-1}$ 的系数仍然为负并且在统计上是显著的，可以说明回报的波动性对 B/M 效应有增量解释作用。这个结论与 Shleifer and Vishny（1997）的观点一致：与套利回报波动有关的风险阻止套利活动，并且是解释与 B/M 相关的错误定价存在的重要原因。

文章的研究丰富了用套利局限性对异象存在的解释文献，为现实中人们构建投资组合提供了帮助。Lakonishok et al.（1994）使用公司规模作为套利成本和投资者老练程度的替代变量，检验得知，规模较大的公司，按照 B/M 策略所得的回报较小。但是，La Porta et al.（1997）认为大小公司之间的 B/M 效应并没有显著差异，那么错误定价是否为一个有效的解释呢？而本文在以前文献的基础上，采用更加直接的替代变量，发现当套利成本高、投资者成熟度低时，B/M 效应较大，支持用错误定价解释 B/M 异象。前人的研究用套利成本解释系统性错误定价时，仅仅使用交易成本，而不关注套利风险。基于短期交易策略的研究发现，交易成本大于等于错误定价的大小（Knez and Ready，1996；Barber et al.，2001），并且指出交易成本能够充分解释错误定价的存在。但是，对于长期策略，如 B/M，与套利风险相关的成本远大于交易成本。

文章的局限在于：（1）根据 Shleifer and Vishny（1997）的观点，如果 B/M 效应是由错误定价导致的，那么对于波动较大的股票，相应的 B/M 效应也应该较大。但反过来是否也一样呢？是否可以通过波动性较大的股票有较大的 B/M 效应进而推出 B/M 效应是由错误定价导致的呢？在没有对资产定价很好地理解之前，没有对相应的模型做出联合测试就确定是错误定价是不合适的。（2）对多元回归的检验中，其他套利成本和投资者老练程度的影响并不显著，作者认为那是由于多重共线性造成的，但是需要进一步的检验来解释。

未来研究方向：（1）假定套利风险是持有成本，它增加了持有期间，那么套利风险将成为解释其他长期交易策略的重要因素。今后进行异象研究时，可以考虑加入套利风险的影响。（2）如果 B/M 能够反映财务困境的特征，由于财务困境因素对高波动股票企业更加敏感，那么 B/M 效应对这类公司而言也将是非常强的，这有待于以后的研究。

参考文献

Ali，A.，L. S. Hwang and M. A. Trombley. 2003. Arbitrage Risk and the Book-to-market Anomaly. *Journal of Financial Economics* 69：355－373

Banz，R.. 1981. The Relationship between Return and Market Value of Common Stocks. *Journal of Financial Economics* 9：3－18

Barber，B.，R. Lehavy，M. McNichols and B. Trueman. 2001. Can Investors Profit from the Prophets? Security Analyst Recommendations and Stock Returns. *The Journal of Finance* 56：531－563

Basu，S.. 1977. The Investment Performance of Common Stocks in Relation to Their Price to Earnings Ratios：A Test of the Efficient Market Hypothesis. *Journal of Finance* 32：663－682

Basu，S.. 1983. The Relationship between Earnings Yield，Market Value，and Return for NYSE Common Stocks：Further Evidence. *Journal of Financial Economics* 12：129－156

Fama，E. and J. MacBeth. 1973. Risk，Return and Equilibrium：Empirical Tests. *Journal of Political Economy* 81：607－636

Fama，E. and K. French. 1992. The Cross-section of Expected Stock

Returns. *Journal of Finance* 46：427－466

Fama，E. and K. French. 1993. Common Risk Factors in the Returns on Stocks and Bonds. *Journal of Financial Economics* 33：3－56

Fama，E. and K. French. 1997. Industry Costs of Equity. *Journal of Financial Economics* 43：153－193

Knez，P. and M. Ready. 1996. Estimating the Profits from Trading Strategies. *Review of Financial Studies* 9：1121－1163

La Porta，R.，J. Lakonishok，A. Shleifer and R. Vishny. 1997. Good News for Value Stocks. *Journal of Finance* 52：859－873

Lakonishok，J.，A. Shleifer and R. Vishny. 1994. Contrarian Investment，Extrapolation and Risk. *Journal of Finance* 49：1541－1578

Newey，W. and K. West. 1987. Hypothesis Testing with Efficient Method of Moments Estimation. *International Economic Review* 28：777－787

Rosenberg，B.，K. Reid and R. Lanstein. 1985. Persuasive Evidence of Market Inefficiency. *Journal of Portfolio Management* 11：9－16

Shleifer，A. and R. Vishny. 1997. The Limits of Arbitrage. *Journal of Finance* 52：35－55

Skinner，D. and R. Sloan. 2002. Earnings Surprises，Growth Expectations，and Stock Returns，or，Don't Let An Earnings Torpedo Sink Your Portfolio. *Review of Accounting Studies* 7：289－312

Stattman，D.. 1980. Book Values and Stock Returns. *The Chicago MBA：A Journal of Selected Papers* 4：25－45

5.5 套利风险与盈余报告后的漂移

Mendenhall，R.. 2004. Arbitrage risk and post-earnings announcement drift. *Journal of Business* 77：875－894

盈余报告后的价格漂移被定义为盈余信息公布之后，股票价格沿着非预期盈余产生的市场反应方向移动几周甚至几个月的一种趋势，正的非预期盈余股票价格继续上涨，而负的非预期盈余股票价格继续下滑，这种漂移也被称为标准的非预期盈余效应，是股票回报的一种持久性质。以前的研究对这种漂移给予了三种解释：第一种解释认为这种漂移的存在是由于研究方法上的欠缺而导致的；第二种解释认为这种漂移（超额回报）代表了对不可观测的风险因素的一种补偿；第三种解释认为漂移是投资者对价值相关信息反应不足的结果。作者在第三种解释的基础上提出本文所研究的问题：投资者尤其是套利者为什么会对价值相关的信息反应不足呢？作者通过研究认为盈余报告后的漂移是由于投资者对盈余信息的反应不足造成的，套利行为之所以没有消除这种漂移现象，是因为套利行为所要求的交易是需要资金而且具有套利风险。结果显示在其他情况均相同的前提下，每个季度，套利风险高的公司的股票漂移大于风险低的公司的股票漂移 3～4 个点。也就是说，因为套利风险的存在，套利者没有发挥作用，不像有效资本市场假说预期的那样通过套利行为，迅速纠正错误定价。

遵循 Wurgler and Zhuravskaya（2002）的文章，作者定义套利风险为股票波动性中套利者不能通过相对应的投资策略避免的特殊的波动性（idiosyncratic volatility）。套利风险的存在可能会降低套利者纠正错误定价的意愿。

半强式有效市场理论的一个推论就是股票价格应该对新信息反应迅速并且无偏。但是 30 年来，研究者发现股票价格对盈余信息有延迟反应的现象。Jones and Litzenberger（1970）认为非预期盈余应该引起渐进的而不是马上的价格调整。Bernard and Thomas（1990）发现围绕连续的盈余公告的回报呈现出正的、下降的一阶、二阶和三阶连续的相关性，负的第四阶相关性，这种现象反映了投资者没有充分利用当前盈余信息对未来盈余水平的预期作用。

对于股票价格漂移的现象，很多研究者运用不同的方法和数据来对其进行解释，解释的原因主要有三种，第一种是研究方法的缺陷导致的；第二种是研究者对回报的估计有系统性的偏差；第三种解释就是这篇文章将要研究的话题，作者提出一种可能性：由于真实世界里套利行为需要资金而且这种行为又是有风险的，所以套利者并没有充分挖掘套利机会并纠正错误定价。Wurgler and Zhuravskaya（2002）指出套利者对一只股票的需求与这只股票未来的预期回报呈正相关关系，与这只股票的特殊风险呈负相关关系。Shleifer and Vishny（1997）认为股票的特殊风险应该会阻碍套利行为的发生。具有高的特殊风险的公司对套利者来说应该吸引力很小，这样的股票在盈余信息公布之后将呈现更大程度的错误定价、更长时间的漂移。于是作者提出这篇文章的研究原假设：盈余报告之后的股票价格漂移与一只股票的套利风险无关。

为了研究这一问题，作者给出了一个严谨的研究方法。首先作者对研究中需要的变量进行定义和界定：非预期盈余是用实际的盈余与预测盈余之间的差异来衡量的。标准的非预期盈余由下面这个公式表示：

$$SUE_{i,q}=\frac{E_{i,q}-\hat{E}_{i,q}}{SD(\hat{E}_{i,q})}$$

为了防止变量之间潜在的非线性关系，作者借鉴了以往研究者的处理方法，即把同一个季度里的 SUE（standardized unexpected earnings）按照大小进行排序并分为 10 组，对每一组进行编码。作者把这 10 组从 0.0 到 1.0 进行编码，并且减去 0.5 这一组。

作者定义盈余报告之后的回报为当期盈余报告到下一个盈余报告之间的复合超额回报。复合超额回报的计算公式为：

$$\mathrm{QTRCAR}_{i,q}=\prod_{t=A_q+1}^{A_{q+1}}(1+\mathrm{FRET}_{i,q,t})-\prod_{t=A_q+1}^{A_{q+1}}(1+\mathrm{DRET}_{i,q,t})$$

式中，$\mathrm{FRET}_{i,q,t}$是公司 i 在季度 q 里持续时间为 t 的原始的回报；$\mathrm{DRET}_{i,q,t}$是 CRSP 数据库中给出的相对应的组合回报。

解释变量一共包括 6 个：两个解释变量分别代表套利风险和可对冲的风险；两个变量代表交易成本；另外两个变量代表投资者的老练程度。作者用某只股票回报对 S&P 500 里面具有 48 个月并且截至盈余公告前一个月的估计值进行回归，回归得出的残差即为套利风险，记为 ARBRISK。可对冲的风险为上面这个回归中可解释的变量，记为 EXPRISK。基于以往研究者的研究结论，作者引入两个变量 PRICE 和 VOLUME，其中 PRICE 为 CRSP 中盈余报告前 20 天的收盘价格；VOLUME 为盈余报告前第 270 天至第 21 天之间的 CRSP 的日收盘价格乘上 CRSP 的日交易股票数的平均值。代表投资者老练程度的变量分别是 INST 和 ANUM，其中 INST 定义为发行在外的股票被机构投资者持有的比例；ANUM 定义为每个季度股票分析师对股票出具的分析报告的数量。为了避免时间序列和非线性的干扰，作者对解释变量均进行了像 SUE 一样的排序编码处理。

文章研究所用的数据包括 1991 年第二个季度至 2000 年第一个季度的 52 629家公司的季度数据。

作者用交叉变量方法进行回归分析，研究结果显示原假设被拒绝，备择假设得到支持：漂移的程度随着套利风险的上升而提高。F 值的比较显示包含套利风险的模型比不包含套利风险的模型对漂移程度的解释力度更强。各个自变量与因变量的关系基本符合假设，流动性越差的股票，漂移程度越大；可对冲的风险变量并不显著，说明套利者重视的是股票特殊的性质而不是可以被对冲的风险。

作者为了简化模型，进行了第二次回归，这次回归没有利用交叉变量方法。而且数据集是总样本的子集，选取了在 SUE 排序中处于最大正值和最大负值的数据。研究结果显示 ARBRISK 对因变量仍然具有显著的正向影响；VOLUME 也呈现显著的、符合预期的影响。

作者又进一步通过图形来反映套利风险与漂移之间的关系，通过图形可以看出套利者如果想从高风险股票明显的错误定价中获利，必然会承受大的不确定性。

之后，作者为了证明研究方法的可靠性，又进行了有效性检验。分别对因变量、自变量和研究样本进行了调整，重新进行回归研究，研究结果仍然是有效的。

这篇文章用实际数据说明了套利风险与股价漂移之间的联系，给以后的研究者提供了比较可靠的证据和未来研究的基础。但是文章尚有一些值得探讨的地方。首先，文章虽然证明了套利风险与股价漂移之间的关系，但是并没有进一步研究套利风险产生的具体原因，以及这些因素对股票价格变化产生的不同作用。

参考文献

Bernard, Victor L., and Jacob K. Thomas. 1990. Evidence that Stock Prices Do Not Fully Reflect the Implications of Current Earnings for Future Earnings. *Journal of Accounting and Economics* 13：305-340.

Jones, Charles P., and Robert H. Litzenberger. 1970. Quarterly Earnings Reports and Intermediate Stock Price Trends. *Journal of Finance* 25：143-148.

Shleifer, Andrei, and Robert Vishny. 1997. The Limits of Arbitrage. *Journal of Finance* 52：35-55.

Wurgler, Jeffrey, and Katia Zhuravskaya. 2002. Does Arbitrage Flatten Demand Curves for Stocks? *The Journal of Business*, forthcoming

5.6 为什么套利不能阻止应计异象的存在？特质风险和套利成本的作用

Mashruwala, Christina, Shivaram Rajgopal, and Terry Shevlin. 2006. Why is the accrual anomaly not arbitraged away? The role of idiosyncratic risk and transaction costs. *Journal of Accounting and Economics* 42：3-33

说到应计异象，说到会计盈余和股票价格的关系，就不能不提到 Sloan 在 1996 年发表的那篇经典文献 *Do Stock Prices Fully Reflect Information in Accruals and Cash Flows about Future Earnings?*（《股票价格是否完全反映了应计盈余和现金流中关于未来盈余的信息?》）这篇文章是会计研究中经典的以会计信息为基础的投资策略研究。该文发现应计盈余比重较大的公司，以后的盈余会有系统性的降低；而投资者不能完全理解会计盈余中应计部分和现金部分对预测未来盈余的能力的不同，只是功能锁定在盈余数字上面，因而高估了应计盈余比较大的企业的价值，低估了应计盈余比较低的企业的价值。这样，一个买入应计盈余低的企业的股票，卖空应计盈余高的企业的股票的对冲策略在未来一年可以取得超过 10%的超额投资回报。这篇文章所发现的这种现象也被称为“应计异象”，是会计研究最重要的发现之一。

应计异象的出现无疑是对市场有效学说的挑战。那么到底是什么原因使得股票价格偏离其价值，导致异象的存在呢？本篇文章通过实证的方法给出了两个解释，这就是缺乏完美证券替代品和套利成本的存在。

在理想的无风险套利假设下，投资者通过买空和卖空证券而构建零净值投资组合（zero investment hedge），此时证券回报的波动残差就应该为零。如果套利者能够找到和被错误定价的公司股票价格高度相关的另一种证券来构造投资组合，那么他就可以将股票回报的波动残差降到最小，如果套利者不能找到可以完美替代目标价值的股票，那么套利者就会承受特质的风险，这种风险随着时间的推移而累积。在这样的情况下，短期内的错误定价非但不会被纠正反而有可能加重，套利者就会被迫出售股票套现（Tuckman and Vila，1992）。

作者提出的另一个妨碍套利、使得异象不被消除的因素就是套利成本。Ball 等学者早在 1995 年就曾利用股票价格作为交易成本的替代变量来研究股票的回报。一般来讲，股票价格和买卖股票的佣金负相关，也就是说股票价格越高，套利成本越低，套利也就越容易实现。交易量是另一个反映套利成本的替代变量，交易量越大，股票的套利成本就越低。Bhushan（1994）曾提出美元的交易量和交易成本负相关。

本文在论证特质风险和套利成本这两个因素的作用的时候，大量借鉴了前人的方法。特别是 Sloan 在 1996 年文章中所应用的按照应计项目的大小进行分组回归，而后进行比较的方法。

作者收集了 1976—2000 年在 NYSE，AMEX 和 NASDAQ 上市的公司公布的年报，采用和 Sloan 相同的方法，通过流动资产、流动负债和现金等会计科目的变化量来计算应计项目的大小。作者在每一个会计年度，都会按照应计项目的大小将全部股票划分为 10 个小组，进一步计算这个小组在下一年度的买入并持有（buy and hold）回报率以及规模调整的超额回报。而股票回报采用会计年度结束后 4～12 个月期间的持有回报。

首先要解决的问题就是如何计算超额回报，只有在正确计算超额回报的基础上，才能进一步对影响套利的因素进行检验。作者利用的是 Jensen 测度，1968 年 Jensen 提出根据 CAPM 模型所决定的预期回报作为基准回报率来评价基金业绩的方法。如果一个投资组合中的资产足够分散，那么非系统风险将相互抵消，最后剩下的是无法分散的市场系统风险，这种系统风险在 CAPM 模型中用 β 系数表示。基金所得到的预期回报是对这种无法分散的系统风险及无风险回报的补偿，即 $E(R_p)=R_f+\beta_p(R_m-R_f)$，因此，对基金经营业绩的考核应该以这种预期回报作为衡量的基准回报率。实际回报与预期回报间的差别越大，组合的业绩越好。

Jensen 测度可以通过下面的回归方程得到：

$$R_p-R_f=\alpha_p+\beta_p(R_m-R_f)+\varepsilon_p$$

利用 Fama 的三因素模型对以上公式进行改进，公式如下：

$$R_p-R_f=\alpha_p+\beta_p(R_{mt}-R_{ft})+\delta_p SMB_t+h_p HML_t+\eta_p UMD_t+\varepsilon_{pt} \quad (1)$$

在均衡条件下，组合的期望回报完全由其系统风险的大小所决定，因此 α_p 应该等于 0，若 $\alpha_p>0$，表明组合战胜了市场，有超额回报；否则组合的业绩将不如市场基准组合的回报率，即 $\alpha_p<0$。

式（1）中 $R_{mt}-R_{ft}$ 是应计组合 p 的月度回报率超过无风险回报率的部分，HML_t 和 SMB_t 是 Fama and French（1993）提出的影响月度回报率的因素，分别代表规模和市净率。

作者同时用不带 SMB，HML 和 UMD 的 CAPM 模型和式（1）进行回归，发现这两种实证的结果是一致的，代表超额回报的 α_p 显著，并且在应计项目最低的组合中最大。这和之前的研究是一致的，表明用 α_p 来衡量超额回报是有效的。

下面就来看看作者是如何对特质风险和交易成本这两个影响因素进行实证检验的。

特质风险体现的是投资者看法分歧，投资者的看法分歧越大，特质风险越高，在本文中的表现就是投资者无法找到完美替代品来套利的困境，至于如何度量，Pontiff（1996）提出将所有可供选择的替代证券和目标证券的超额回报（$R_{it}-R_{ft}$）进行回归，回归方程的残差就是套利者所必须承担的风险，也就是特质风险。而每个替代证券的回归系数可以近似地作为套利组合中各个替代资产的比例。具体而言，作者将证券的回报和标准的市场指数回报进行回归，将其残差作为特质风险的替代变量（ARBRISK）。

为了检验特质风险越高的情况下，套利者的套利可能性越小，套利行为越少这一假设，作者进一步将应计项目最低和最高的组合中的股票按照特质风险的大小分成五个组合，同样将最低和最高的组合挑出来。这样所研究样本中的股票就可以分为四种组合：高应计高特质风险、高应计低特质风险、低应计高特质风险和低应计低特质风险。那么同时进行两个投资策略一个是买入高特质风险低应计项目，卖出高特质风险高应计项目，另一个是买入低特质风险低应计项目和卖出低特质风险高应计项目，比较它们的组合回报率和Jensen测度，可以得到结论，如果高特质风险下应计异象回报率高，Jensen测度大，这说明特质风险的大小确实影响了应计异象的存在，特质风险越高套利就越不容易实现。

交易成本是作者提出的第二个影响套利的因素，在本文中，采用的替代变量是股票价格和交易量。两者的验证方法相当一致，我们以验证股票价格为例。类似于验证特质风险的方法，首先将应计项目最高和最低的组合中的股票按照前一年年末的价格进行重新分组。同样所研究样本中的股票就可以分为四种组合：高应计高价格、高应计低价格、低应计高价格和低应计低价格。利用式（1）进行回归，可以得到Jensen测度，实证的结果表明低应计项目和低股票价格的组合中，Jensen测度最高为1.2%。同样利用对冲策略，作者也得到一致的结果，Jensen测度在低价组合时（买入低价低应计项目，卖出低价高应计项目）最高达到了0.73%，而在高价组合时（买入高价低应计项目，卖出高价高应计项目）只有0.30%。结果表明价格越低，套利成本越高，那么应计异象也就越容易存在。

用同样的方法，利用交易量作为套利成本的替代变量，作者得到的结论是交易量越低套利成本越高，应计异象越显著。

通过以上一系列检验，作者验证了自己的设想，特质风险和交易成本确实会为套利者的套利行为设置障碍，导致了应计异象的存在。其实有效市场理论由来已久，无论是对于会计金融理论，还是投资实务都影响深远。但可惜的是，现实中的市场和理论相距甚远，因此这一理论也饱受争议。特别是应计异象的存在更是对其合理性提出了质疑。本篇文章的研究结果正是从理论迈向实际的一种跨越，还是有一定的理论意义的。

本文在假设的提出上其实并没有什么新意，特质风险和套利成本能够影响套利这些看法，之前的学者都已经有过相关的研究，只不过是作者首先通过比较严谨的实证方法加以检验而已。在研究方法上，确实也未见有什么特别新颖的地方，从超额回报的计算，到替代变量的选择，甚至到对冲策略的构建，无一不是在总结前人。当然最后作者为了显示结果可信，不但用了敏感性测试，还将特质风险和交易成本同时考虑，进行回归，所得到的结果和假设也是一致的。

作者的研究其实只是探究影响套利者行为谜底，是对真实市场面貌的一个初探。现实中还有很多其他因素，也导致了异象的存在。对于中国来说，资本市场有自己的特点，不符合有效市场理论的异象更多，如果所有研究只是简单把这种现象归结为市场非有效性，掩盖了金融理论的深层问题，就是毫无意义的了。

参考文献

Ball，R.，Kothari，S. P.，Shanken，J.. 1995. Problems in Measuring Portfolio Performance：An Application to Contrarian Investment Strategies. *Journal of Financial Economics* 38：79－107

Fama，E.，French，K.. 1996. Multifactor Explanations of Asset Pricing Anomalies. *Journal of Finance* 51 (1)：55－84

Kothari，S. P.，Shanken，J.. 2003. Anomalies and Efficient Portfolio Formation. The Research Foundation of the AIMR

Pontiff，J.. 1996. Costly Arbitrage：Evidence from Closed-end Funds. *The Quarterly Journal of Economics* 111：1135－1152

第 6 章

行为金融学：错误定价为什么会发生？

6.1 本章概述

在前面几章中，我们讨论的是当错误定价发生后，市场为什么不一定如有效资本市场假说预测的那样，通过套利者的套利活动铲除错误定价，恢复市场效率。但是，如果市场从来都不发生错误定价，那么，套利成本和套利风险的存在也不妨碍证券市场一直是有效的。

行为金融学正是一个研究什么时候、什么情况下、为什么价格会偏离，或继续偏离内在价值的新兴学术领域。在行为金融学看来，市场上除了聪明的投资者（smart-money investors），还有噪音投资者（noise traders）。聪明的投资者是指那些能够正确理解信息并进行交易的投资者，而噪音投资者是指那些自以为（但实际上没有）拥有并正确理解信息的投资者。当然，一个投资者可以在面对这条信息时是聪明的投资者，而在面对另一条信息时是噪音投资者（Shiller，1984）。

噪音投资者是造成错误定价的原因。第一，他们不能够根据 Bayes 法则处理信息，修正自己对股票价值的看法（belief）；第二，即使他们正确处理了信息，其投资决策却不符合 Savage 效用法则（preference，偏好）。这两种问题都推动股票价格系统性地偏离价值。

不能够根据 Bayes 法则处理信息的原因是噪音投资者容易受心理偏差的影响，他们过度自信、过于乐观、过度反应或反应不足，容易盲从，受所谓“羊群效应”的影响等等。行为金融学从心理学研究中借鉴了大量的成果来描述投资者情绪对股票定价的影响。

投资决策不符合 Savage 效用法则是因为投资者的个人心理好恶影响投资者的偏好。投资者不能够理性地看待公司的价值，而是在面对获得时风险规避，但是在面对损失时又风险偏好，行为上不一致。前景理论很好地描述了投资者的偏好，行为金融学进一步研究了其对投资定价的影响。

同样，因为行为金融学也是一个崭新的领域，这方面的研究正在蓬勃展开，但是比较直接衡量投资者心理的研究还是很少的。本章介绍的文章大部分是从侧面衡量投资者情绪和心理。

Lee（2001）是一篇评论性文章，他比较系统地评论了有效资本市场假说与行为金融学的争锋。我们在这里选择这篇文章是希望读者能在学习了前面内容的基础上重新回顾一下整个框架。

Lakonishok et al.（1994）研究了为什么会出现反转异象，即过去表现好的股票未来表现差，而过去表现差的股票未来表现好。他们研究了一种投资者心理：过度引申（over-extrapolation）。投资者把过去的表现过度引申为未来的表现，因此高估了过去表现好的股票的未来业绩，造成定价高估，所以这些股票未来表现差。同时，投资者低估了过去业绩表现差的股票的未来业绩，造成定价低估，所以这些股票未来表现好。

Jiang et al.（2005）研究了信息不确定性环境下投资者过度自信的程度问题。过度自信表现为投资者过于相信自己的私有信息，而忽略股票价格、盈余等公开信息。这种倾向在公司信息环境越不确定的时候表现越强，因此造成错误定价越严重。Jiang et al.（2005）发现信息不确定性高的股票表现出更大的错误定价和未来回报。

Baker and Wurgler（2005）通过各种代理变量，衡量投资者情绪，发现投资者情绪越严重的时候，股票的错误定价越严重。

Shefrin and Statman (1985) 是一篇比较早的文章，它发表的时候行为金融学还没有真正兴起。这篇文章研究了个人投资者的处置效应（disposition effect）。投资者对于涨了的股票卖得太早，而对于跌了的股票持有得太长。这和人们厌恶损失的倾向吻合。这种情绪同样造成错误定价。20 世纪 90 年代后期，以 Terrence Odean 为代表的一些学者才重新在 Shefrin and Statman (1985) 的基础上直接研究个人投资者行为，取得了丰硕的成果。

总之，套利成本、套利风险、行为金融学作为一个新兴学派，正爆发出强劲的生命力。本书系统地、结构性强地介绍了这个体系，希望引起更多学者的兴趣，在我国开展这方面的研究。这对投资者有利，对证券市场发展有利，对经济发展有利。

6.2　市场有效与会计研究：对于 S. P. Kothari “会计领域资本市场研究”的讨论

Lee, Charles M. C.. 2001. Market efficiency and accounting research: a discussion of “capital market research in accounting” by S. P. Kothari. *Journal of Accounting and Economics* 31: 233-253

在过去 20 年会计领域的资本市场研究中，研究文献中都是假定价格对于信息的反应是及时的。这个假设影响了过去研究的选题、实证检验和最终的结果解释。关于会计领域内的市场有效性研究一直是焦点争论的话题，Kothari (2001) 对于过去 30 多年的资本市场有效性研究的文献进行了整理和分析，提出了关于资本市场有效性研究的一些结论。Lee (2001) 基于这篇文章回顾研究后的结论提出了不同见解，认为市场价格的发现是一个复杂的过程，因此特别强调不能以一种简单的视角看待市场有效性，轻易地对市场有效性下结论。作者提出了一个含有市场“噪音交易者”变量的广义模型。在文章最后作者提出了最近一些研究以及 Kothari (2001) 对于未来研究的一些启示意义。

这篇文章从题目上看似乎在对 Kothari (2001) 的文章进行讨论，其实这篇文章是研究行为金融学的一篇入门启蒙文章。作者从传统的市场有效性模型假设开始推理，列举了传统市场有效性假设模型的定义、问题和意义。据此分析，作者进一步提出了理性行为模型是一个在传统市场有效性模型的基础上加入理性行为变量的模型。根据这个模型，作者提出了未来研究的三个重点方向也就是三个未来行为金融学的研究主要课题。

作者在现有研究分析的基础上提出了新的研究机会，这种研究机会就是在打破原有研究的前提假设下更加贴近实际的市场环境，而原有研究的前提假设正是传统的资本市场有效性假设。传统的资本市场有效性假设是什么，有什么意义，存在什么问题，作者提出了自己的看法。

6.2.1 传统资本市场有效性假设

$$P_t = V_t = \sum_{i=1}^{\infty} \frac{E_t(D_{t+i})}{(1+r)^i}$$

这个表达式的意思就是市场价格是未来红利的折现值。也正是这个表达式深深影响了现代金融和会计学的研究。式中，P_t是在时间 t 的价格；V_t 是基本价值；$E_t(D_{t+i})$ 代表未来红利的期望值。

这个表达式严格成立在信息可以获取的信息假设集中（Fama 1965，1991）。而价格对于信息不同的反应速度和准确性的假设，导致有效市场分为强式有效、半强式有效和弱式有效。早期在会计领域引入市场有效理论时，就开始假定价格对于信息的反应速度和准确性是一个连续过程而不是一个瞬间的过程（Dyckman and More，1986）。但是以后的研究并没有按照最初会计领域内引入有效市场理论的研究前提进行，类似于 Holthausen and Wattes（2000）回顾的大量文章就已把最初的有效市场理论假设作为前提。

同样，把有效市场理论作为第一假设前提的情况在价值评估研究文献中更加普遍（例如 Feltham and Ohlson，1999；Zhang 2000；Dechow et al.，1999）。总之，尽管我们意识到价格对于信息不可能是一个瞬间的反应，但过去几十年的研究都是基于价格趋于价值的调整过程是瞬间的假设。这个假设影响了研究的选题、实证检验的设计以及研究结论。

但为什么我们相信市场是有效的呢？这个问题问到了套利这个概念的实质。我们之所以相信市场是有效的，是因为我们相信套利行为一直存在。套利行为在市场上发挥作用，不停地促使价格完全反映信息。相信市场有效是现代金融学的核心基石。对于市场有效性，我们这样理解：大海从表面上看是非常平静的，由于地球引力的作用没有人怀疑海面是平的。但是如果我们仔细观察，其实海平面由无数个微小的波浪组成，甚至会有潮汐。市场也是如此，尽管存在一些流言、歪曲，但是等到所有信息反映出来后，市场就如大海一样最终在这个持续反复过程中趋于有效和均衡。按此推论，我们认为市场有效是一个过程而不是一个终点，不能用是或者不是有效来简单回答。严格意义上说市场应该不是有效的，当时的价格是基本价值当期的一个含有噪音的代理变量。

相对于假设市场有效的研究，我们的研究不如更多地放在研究价格为什么、什么时间和怎样进行调整的。既然市场价格不停调整，那么就会存在不正确的定价。这种不正确的定价是否可以存在于市场均衡中呢？答案是肯定的，如果市场中不存在错误定价，套利行为就不会存在。我们看到市场中套利行为继续存在，套利成本就是巨大的。对于社会福利来说，这个损失是巨大的。但是这里也存在着机遇，如果套利行为大量存在，就会引发更加细致的信息监管，更多地关注市场动态过程。基于会计研究的更加简单和有效率的套利技术可以帮助市场尽快地吸收和消化信息，减少错误定价的机会。可惜的是，我们一直努力研究和课堂上努力工作的仍然是为市场培养一些既定消息获得者的投资者。到现在仍然有人认为市场有效性假设虽然严格意义上不能成立，但仍然可以作为我们研究的一个前提。

但是看看传统市场有效性假设的问题：首先是交易量的问题。如果市场有效，价格充分反映了市场的信息，市场就不会有交易产生（Grossman and Stiglitz，1980）。其次就是价格的波动性。我们可以清晰地观察到某些事件的发生不具有信息含量，但是仍然引起股票价格的巨大波动。例如 1987 年的股灾以及一些宏观经济事件的影响。这些现象都迫使我们重新审视我们的资产定价行为。最后，我们发现对于未来红利的预期和传统的市场有效模型越来越难以对应。

6.2.2 理性行为模型

我们经常可以听到对于行为金融学的一些抱怨，认为只有在无可奈何地解释一些问题的时候才会想到行为金融学，考虑一些资本市场中的非理性行为。我们选取了 Shiller（1984）的模型，这个模型虽然简单，但是为我们提供了关于基本投资者、噪音投资者和套利成本之间相互关系的框架。在模型建立之前需要界定噪音投资者的概念，噪音投资者不按照股票内在价值进行投资，而是经常把似是而非的消息当作信息。也正是噪音投资者的存在，我们才可以解释为什么价格偏离基本价值。Shiller（1984）的模型由普通投资者和噪音投资者两类组成。普通投资者可以按照信息准确地对价格做出反应，而噪音投资者不能对披露的信息做出最优的反应。具体模型如下：

$$P_t = \sum_{k=0}^{\infty} \frac{E_t(D_{t+k}) + \phi E_t(Y_{t+k})}{(1+\rho+\phi)^{k+1}}$$

表达式表示价格等于未来红利的期望值 $E_t(D_{t+k})$ 与 ϕ 倍的噪音交易者未来股票需求 $E_t(Y_{t+k})$ 之和以 $\rho+\phi$ 的利率折现的现值。也可以说价格由公司基本价值和一些复杂因素决定，而这里的复杂因素就是噪音交易者的股票需求。而我们注意到这两个决定因素都由 ϕ 决定，这里可以把 ϕ 解释为套利成本。当 $\phi=0$ 的时候这个公式就是传统的资本市场有效性假设的表达式，也就是套利成本越低，传统的资本市场假设就越有效；当 ϕ 增加时内在价值和噪音投资者需求（套利风险）同样都决定股票价格。套利成本 ϕ 基本上由交易成本、信息成本和持有成本三部分组成。这个表达式表示价格是最终由普通投资者和噪音投资者在成本条件限定下相互作用的结果。当引入套利成本和噪音交易者的时候，价格不再是未来红利的折现值。错误定价成为了噪音交易者和套利成本作用的产物。当套利成本不为零的时候，错误定价就会存在于市场均衡中。同时这个表达式也告诉我们由于未来的噪音投资者需求是不可预期的，所以股票价格也是不可预期的。最后这个表达式体现了基本分析和证券分析的差别所在。在实际的证券交易中普通投资者不仅仅要做基本分析，也要考虑噪音投资者的影响。而且这种影响在时间上的作用是不可忽视的，尤其是当这些噪音交易者的未来需求不再是随机的时候。

6.2.3　结论

在过去的资本市场研究中由于受到经济学家们的影响，我们都把市场有效作为基本的假设前提，但是会计研究不能再把这个作为学术研究的基本前提假设了。相对于信息经济学家，会计研究对于处理价格反应的信息具有相当的优势。为了发挥这种优势就需要对于市场有效性假设和价格动态发现过程有一个正确的认识。我们需要从价格等于价值的认识中解脱出来，相信基本价值和现在的市场价格是两个完全独立的衡量。我们建议研究主题应该放到这些方面，相对于假设市场有效不如更多关注怎样、什么时候和为什么价格会变得有效；相对于忽略市场现时价格不如更多地去研究提升它的质量。

参考文献

Fama，E.. 1965. The Behavior of Stock Market Prices. *Journal of Business* 38：34-105

Fama，E.. 1991. Efficient Capital Markets：II. *Journal of Finance* 46：1575-1617

Dyckman，T.，Morse，D.. 1986. *Efficient Capital Markets：a Critical Analysis*. Prentice-Hall，Englewood Cliffs，NJ

Feltham，G. A.，Ohlson，J. A.. 1999. Residual Earnings Valuation with Risk and Stochastic Interestrates. *Accounting Review* 74：165-183

Zhang，X.. 2000. Conservative Accounting and Equity Valuation. *Journal of Accounting and Economics* 29：125-149

Dechow，P.，Hutton，A.，Sloan，R.. 1999. An Empirical Assessment of the Residual Income Valuation Model. *Journal of Accounting and Economics* 26：1-34

Grossman，S.，Stiglitz，J. E.. 1980. On the Impossibility of Informationally Efficient Markets. *American Economic Review* 70：393-408

Shiller, R. J., 1984. Stock prices and social dynamics. *The Brookings Papers on Economic Activity* 2: 457-510

Thaler, R.. 1999. The End of Behavioral Finance. *Financial Analysts Journal* 55: 12-17

Kothari, S. P.. 2001. Capital Market Research in Accounting. *Journal of Accounting and Economics* 31: 105-231

Bernard, V. L.. 1995. The Feltham-Ohlson Framework: Implications for Empiricists. *Contemporary Accounting Research* 11: 733-747

Lee, C. M. C., Myers, J., Swaminathan, B.. 1999. What Is the Intrinsic Value of the Dow? *Journal of Finance* 54: 1693-1741

Gebhardt, W. R., Lee, C. M. C., Swaminathan, B.. 2001. Toward An Implied Cost of Capital. *Journal of Accounting Research* 39: 135-176

6.3 反转投资策略、推断和风险

Lakonishok, J., A. Shleifer, and R. W. Vishny. 1994. Contrarian investment, extrapolation, and risk. *Journal of Finance* 49: 1541-1578

价值投资策略提倡买进那些相对于盈余、账面价值、股利等基本价值而言价格较低的股票。之前的一些实证研究也发现价值投资策略产生高于市场的回报率，但对于产生这种情况的原因还存在较大的争议（De Bondt and Thaler, 1985; Fama and French, 1992; Chan, 1988; Ball and Kothari, 1989）。Lakonishok et al.（1994）研究发现，价值投资策略产生较高回报率的原因，是这些策略利用了一些投资者对公司过去业绩过度反应的非理性投资行为，而不是因为这些策略具有较高的风险。这篇文章大大促进了价值投资策略相关领域文献的发展，加深了研究人员对于价值投资策略作用原理的理解。

虽然实证研究发现价值投资策略产生高于市场的回报率，但对于其产生的原因存在两种不同的观点：一种观点认为，没有经验的投资者常常会对公司的好消息或坏消息反应过度，造成好的股票价格大大高于其实际价值，差的股票价格又大大低于其实际价值，而选择价值策略的投资者则选择相反的投资策略，投资这些被低估的股票而卖出被高估的股票，从而获得高于市场的回报率；另一种观点则认为，价值投资策略较高的回报率是因为它的风险更高。我们把第一种观点称之为“反转投资假说”，把第二种观点称之为“风险假说”。基于上述两种观点，这篇文章研究的中心问题是，价值投资策略产生较高市场回报的原因到底是什么？该文主要通过两个层次的研究设计来检验这两种不同观点：首先检验“反转投资假说”，实证结果表明这种观点能很好地解释价值投资较高的回报率；其次检验“风险假说”，实证结果没有发现支持这种观点的证据。对比这两种检验结果，该文认为反转投资假说是造成价值投资回报率较高的原因。

文章选取的样本期间从 1963 年 4 月到 1990 年 4 月，由于需要过去 5 年的会计数据来选择投资策略，因此投资组合的初始年份是 1968 年 4 月。利用相关市场回报率数据和会计数据，该文构建了用于检验的投资组合。利用这些投资组合，该文首先对“反转投资假说”进行检验，实证结果支持“反转投资假说”。尽管如此，这些证据并不能否定“风险假说”。因此该文又对“风险假说”进行检验，没有发现支持“风险假说”的证据。这样文章就证明了较高的价值投资回报率来源于反转投资策略而不是较高的风险。

该文主要通过两个步骤来检验“反转投资假说”和“风险假说”。

第一，该文对“反转投资假说”进行检验。“反转投资假说”认为，明星股票（growth stock）是那些过去表现较好而且被一些投资者预计在未来继续表现较好、实际价值低于价格的股票；价值股票（value stock）是那些过去表现较差并且被一些投资者预计在未来继续表现较差、实际价值高于价格的股票；而价值投资策略就是采用与这些投资者相反的策略，卖出明星股票，买进价值股票，从而获得超额回报率。对这一假说的检验，文章采用三个层次。

一是根据 B/M 对明星股票和价值股票进行分类，计算投资组合形成之后 5 年内各年的回报率（R1～R5）、5 年内的平均年回报率（AR）、5 年内的累积回报率（CR5）和规模调整的 5 年内平均年回报率（SAAR）。研究结果发现，较低的 B/M 股票（明星股票）的平均年度回报率为 9.3%，较高的 B/M 股票（价值股票）的平均年度回报率为 19.8%，平均年度回报率差异是 10.5%；价值股票的累积回报率超过明星股票回报率 90%；明星股票规模调整的平均年度回报率是−4.3%，而价值股票是 3.5%，差异虽然有所减小，但仍然高达 7.8%。这些实证结果表明，价值股票的回报率较高，表现优于明星股票。

为更全面比较两类股票的表现，文章还利用其他几个比率作为分类依据，计算投资组合的表现，这些比率包括 C/P（现金流/股票市场价值）、E/P（盈余/股票市场价值）和 GS（投资组合形成前 5 年内的平均销售收入增长率）。研究结果也表明价值股票的表现优于明星股票。

二是利用第一层次中的变量，分别选取两个变量进行分类构建投资组合后再比较两类股票的表现。实证结果发现，在 1968—1990 年间，根据双变量分别构建的三个子样本价值股票的年度回报率高于明星股票 10%～11%；基于过去业绩和预计未来业绩构建的价值股票组合比单独根据 B/M 构建的股票组合产生更高的回报率。

三是检验推断理论的预测。推断理论认为投资者会根据过去业绩推断未来的业绩，对未来公司业绩的预测在股票业绩好时过度乐观、在业绩差时过度悲观。反转投资策略就是采取与推断理论预测相反的投资策略，检验推断理论的预测也就是从相反的方向检验“反转投资假说”。文章主要通过比较实际的未来增长率与过去增长率和基准变量所预计增长率来进行检验。实证结果表明，明星股票在历史上的销售收入、盈余和现金流的增长比价值股票更快，市场预计明星股票的高增长会持续许多年；在非常短的时期内，明星股票能保持预计的持续高增长，但之后明星股票和价值股票基本上在同一水平。这说明市场对未来公司业绩的预计与过去的业绩紧密相关，对明星股票的预测过于乐观。

这些证据表明，投资者会对公司业绩过度反应，反转投资策略正是利用了投资者这一特点投资价值股票，获得较高的回报率，从而证明了“反转投资假说”。

第二，该文检验了“风险假说”。如果在一些情况下价值股票的表现劣于明星股票，而且在财富边际效用较高的情况下，这些平均来说较差的情况会使价值股票失去对风险厌恶型投资者的吸引力，那么价值股票的内在风险会较高。文章对这一假说的检验直接明了，主要包括两个层次：首先，根据价值股票和明星股票的长期表现，观察价值股票表现劣于明星股票的时期；然后检验价值股票表现较差的时期是否是经济衰退、市场萎缩或者其他一些消费边际效用高的不好情况。但实证结果并没有发现支持“风险假说”的证据。另外，文章还采用传统的风险度量指标如 β 和收益率方差进行检验，也没有发现支持“风险假说”的证据。

通过对两个假说的分别检验，文章发现了支持“反转投资假说”的证据，而没有发现支持“风险假说”的证据。因此文章认为，较高的价值投资回报率来源于反转投资策略而不是较高的风险。

该文认为反转投资策略的超额回报来自于投资者的非理性行为和市场套利行为的局限性，基于风险补偿的解释并不成立。这对有效市场假说提出严重挑战，大大促进了金融学的发展。但我们也应该看到，本文还存在一些值得商榷之处。

首先，Fama and French（1995）认为，E/P 和股票回报率表明，一旦基于公司规模和 B/M 构建投资组合，市场就会对盈余增长做出无偏估计。市场能够认识到，投资组合构建之前高低 B/M 之间较大的盈余增长率差异在组合形成之后会逐渐缩小。因此，Lakonishok et al.(1994）的发现并不能证明市场是无效的。

其次，Dechow and Sloan（1997）检验了幼稚投资者预期模型解释反转投资策略较高回报率的能力，没有发现股票价格反映了投资者对过去盈余和主营业务收入增长简单推断的系统性证据，而发现股票价格只是反映了分析师对未来盈余增长的有偏估计。

最后，Fama and French（1996）发现三因素风险回报率模型能很好地解释 Lakonishok et al.(1994）所发现的基于 E/P，C/P 等变量的回报率差异。他们认为，这些证据支持“风险假说”，说明风险仍然是造成价值股票和明星股票之间回报率差异的原因。

尽管在 Lakonishok et al.（1994）发表后的这些年里，价值投资回报率较高的原因仍然存在争议，但是对于这种重要市场异象的讨论一直没有停止过。这些争议和讨论本身就已经大大促进了金融学的发展，我们相信未来的研究会提供更有说服力的证据在更深的层次上认识这一问题。

参考文献

Ball，R.，and S. Kothari. 1989. Non-stationary Expected Returns: Implications for Tests of Market Efficiency and Serial Correlation of Returns. *Journal of Financial Economics* 25：51－74

Chan，K.. 1988. On the Contrarian Investment Strategy. *Journal of Business* 61：147－163

De Bondt，W.，and R. Thaler. 1985. Does the Stock Market Overreact? *Journal of Finance* 40：793－805

Eugene F. Fama，and Kenneth R. French. 1992. The Cross-section of Expected Stock Returns. *Journal of Finance* 46：427－466

Eugene F. Fama，and Kenneth R. French. 1995. Size and Book-to-market Factors in Earnings and Returns. *The Journal of Finance* 50：131－155

Eugene F. Fama，and Kenneth R. French. 1996. Multifactor Explanations of Asset Pricing Anomalies. *The Journal of Finance* 51：55－84

Lakonishok，J.，Shleifer A. and Vishny，R. W. 1994. Contrarian Investment，Extrapolation and Risk. *The Journal of Finance* 49：1541－1578

Patricia M. Dechow，and Richard G. Sloan. 1997. Returns to Contrarian Investment Strategies：Tests of Naive Expectations Hypotheses. *Journal of financial Economics* 43：3－27

6.4 信息不确定性与股票的预期回报

Jiang，Guohua，Charles M. C. Lee，and Grace Zhang. 2005. Information uncertainty and expected returns. *Review of Accounting Studies*. V10，No. 2/3，185－221

一直以来传统资产定价模型不能解释实证金融的一些发现，而信息不确定性正是这其中的一个核心问题。以前的一些研究如 Ang et al.（2003）等[①]发现一些股票波动率高，交易量大，成长性高，PB高，分析师预测分歧大（统称为信息不确定性大），而这些股票在未来的回报率都比较低。这个结果与传统的模型是不一致的。因为在 CAPM 和多因素资产定价模型中，诸如信息不确定性这样的非系统性风险是没有被定价的，也就是说各种信息不确定的指标应该是不能预测未来的回报率的。

而在本文（Jiang et al.，2005）中，从实证上检验了信息不确定性与未来回报的负相关关系。同时，文章发现，在信息不确定性高的投资组合中，惯性策略（momentum strategy）也更加明显。文章立足于行为金融学的理论，认为一个公司的信息的不确定性越大，噪音投资者在它的股票上表现出来的过于自信的倾向越严重，就更加依赖于个人的信息和判断来进行交易。在这种情况下，因为套利局限性也越严重，所以聪明的投资者越难通过套利行为纠正这样的股票上出现的错误定价。这样，在信息不确定性越高的情况下，股票价格更容易被高估，从而在未来产生低回报。

这些结果是建立在两个研究假设的检验上的。

文中的第一个假设是，投资者的过度自信在信息不确定性高的企业中更加明显。首先，信息不确定性高的时候，投资者主观的价值判断偏离实际价值更大；其次，信息不确定性高的时候，投资者的价值判断更难评估，也因此加剧了偏差；再者，信息不确定性高的公司有各种各样的传言和噪音消息，总能让投资者觉得自己的判断有一定的依据。

文中的第二个假设是，信息不确定性高的公司的套利成本更高。这是容易理解的，因为信息更加模糊的时候，利用信息进行套利更难。而套利成本高，套利者少了，价格偏离价值的情况就不能得到迅速纠正。

文章选取了1965年1月到2001年12月之间所有在 AMEX，NYSE 和 NASDAQ 上市的公司，剔除了上市不足一年的公司，剔除了封闭式基金，

---

① Volatility（Ang et al.，2003）；Volume（Datar et al.，1998；Lee and Swaminathan，2000）；Expected growth（LaPorta，1996）；PB（Fama and French，1992）；Analyst dispersion（Diether et al.，2002）；Duration of future cash flows（DeChow et al.，2004）.

REIT（Real Estate Investment Trust），ADR（American Depositary Receipts）和外国公司。在每个月 t，计算信息不确定性的四个衡量指标：

（1）公司年龄（firm age）：从公司被 CRSP 收录到月 t 的时间；

（2）回报波动率（volatility）：过去 25 天内股价变化的标准差；

（3）交易量（volume）：在过去 6 个月中的平均日周转率；

（4）未来现金流的持续期（duration）：基于财务报告和现在的股价，用 Dechow et al.（2004）的方法得出，用来衡量多久可以用现金流实现现在的股价。

首先，作者把股票按照信息不确定性的四个指标分为 10 个投资组合，发现信息不确定性高的投资组合的未来收益相对较低，对冲投资策略的组合（买进信息不确定性最高的组合，卖出信息不确定性最低的组合）的未来收益率显著为负。这就验证了第一条研究假设。

然后作者按照股价惯性的大小把股票再分为 10 个投资组合，再与按照信息不确定性的四个指标分别分成的三个投资组合作交叉作用表，得到 30 个投资组合，发现信息不确定性高的组合中的惯性现象更加明显。在高信息不确定性的情况下，惯性策略的对冲月回报率达到 1.6%，而信息不确定性低的组合只有 0.58%，相差 3 倍之多。为了进一步确认这个结论，作者把这四个信息不确定性的指标合并成一个指标，再检验惯性策略，发现信息不确定性高的组合的惯性现象比原先更加明显。类似的，文章用盈余惯性代替股价惯性重复以上过程，再一次发现类似结论。这说明两条研究假设基本被证实：信息不确定性高的股票的未来收益低，其惯性现象也更显著。

为了研究这些结论是否是由风险、市场、规模等因素引起的，文章还用三因素模型（Fama-French，1993）进行了风险调整后的稳健性检验。对每个投资组合在各个月的数据，根据下式回归：

$$r_i - r_f = a_i + b_i(r_m - r_f) + s_i \text{SMB} + h_i \text{HML} + e_i$$

结果发现 a 显著不为零，也就是说风险调整、市场调整和规模调整都没有影响原先的结论，对冲回报率依然显著不为零，仍然存在超额回报。调整后的超额回报不仅存在，而且信息不确定性高的投资组合的惯性策略的回报率可以达到 1.80%，而低信息不确定性的投资组合只有 0.08%，相差了 20 倍，比先前的结论更加明显。

随后作者还用每个月的截面回报率对规模、市场账面价值比、股价（盈余）惯性以及信息不确定性作回归，如下式：

$$R_i = a + b\text{Size}_i + c\text{BM} + d\text{IU}(L)_i + e\text{IU}(H)_i + f\text{J6}_i + g\text{J6}_i^* \text{IU}(L)_i + h\text{J6}_i^* \text{IU}(H)_i + e_i$$

同时，作者用以上四个信息不确定性指标组合出新的指标来衡量信息不确定性，用盈余惯性变量 REV3 代替股价惯性变量 J6，结果再一次证明了之前的结论，均值现象（mean effect）主要存在于信息不确定性高的投资组合里。

文章最后还研究了季报发布的前后四天里，在信息不确定性和惯性作用二者交叉作用下的累积超额回报。采取这样的短窗口，可以避免由于风险控制不全而影响文章的结论，还可以检验有关信息不确定性的结论在公告日前后是否成立。结果发现，文章之前发现的结论是由于投资者错误感知，即信息的不确定性引起的，季报发布时会修正相当一部分这样的错误感知和判断，尤其是在信息不确定性高的投资组合中。这说明财务公告可以在一定程度上减轻信息不确定性高的问题，也从另一个角度证明了之前的结论。

综上所述，本文探讨了信息不确定性在预测未来回报中的作用，用四个信息不确定性指标、两个惯性指标，发现了高信息不确定性对应低未来回报和更显著的惯性现象。并且这个结论在变换信息不确定性和惯性指标后，依然存在，在经过 Fama 三因素调整后这个现象更加明显。由此证明这个结论是稳健的。

文章立足于行为金融学关于过度自信、套利成本等的基本观点，用实证方法在一定程度上解释了传统资产定价模型不能解释的非系统性风险因素（如交易量、公司年龄、波动率等）影响回报率的问题。本文对于理解信息不确定性如何影响股票价格、股票价格的形成机制具有重要作用。同时根据文章的结果，自然可以把股票分为高信息不确定性和低信息不确定性，对于这两种股票有不同的投资策略，也就不难理解为什么投资行业自然把股票分为“价值型”（低信息不确定性）和“增长型”（高信息不确定性）。

事实上，本文的结果和 Zhang（2004）的结果很类似，但是在研究设计上有一定的区别。Zhang（2004）使用的信息不确定性的衡量指标是公司规模、分析师涵盖、分析师预测的分散度以及现金流波动率，这样做可以更多地关注经济结构层面的原因，但是这样只能研究被分析师分析的公司，样本大大缩小了，不利于进行大规模的实证检验。

本文的四个信息不确定性指标在大规模实证检验时很有利，但是 Schultz（2005）对此也提出了质疑。Schultz（2005）指出，以往的事实表明很多企业刚上市的头几年业绩都不太好，因此用公司年龄来刻画信息不确定性的效果可能就不会很好。所以 Schultz（2005）建议公司年龄（firm age）的计算不应从被 CRSP 收录的时间开始，应该从公司成立开始计算；其次，计算波动率（volatility）只用 25 天的数据为时过短；再者，交易量高（volume）还可能暗示除了信息不确定之外的很多因素，因此未来的低回报率也很难说意味着什么；并且，即使没有任何行为上的主观偏见，更长未来现金流持续期（duration）也依然可能意味着未来的低收益。

参考文献

Ang，A.，R. Hodrick，Y. Xing，and X. Zhang. 2003. *The Cross-section of Volatility and Expected Returns*. Working Paper，Columbia University

Datar，V.，N. Naik and R. Radcliffe. 1998. Liquidity and Asset Returns：an Alternative Test. *Journal of Financial Markets* 1：203-220

Dechow，P.，R. Sloan and M. Soliman. 2004. Implied Equity Duration：A New Measure of Equity Security Risk. *Review of Accounting Studies* 9：197-228

Diether，K.，C. Malloy and A. Scherbina. 2002. Differences of Opinion and the Cross-Section of Stock Returns. *Journal of Finance* 57：2113-2141

Fama，E. F. and K. R. French. 1992. The Cross-section of Expected Stock Returns. *Journal of Finance* 47：427-465

La Porta，R.. 1996. Expectations and the Cross-section of Returns. *Journal of Finance* 51 (December)：1715-1742

Lee，C. M. C. and B. Swaminathan. 2000. Price Momentum and Trading Volume. *Journal of Finance* 55：2017-2069

Schultz，P.. 2005. Discussion of Information Uncertainty and Expected Returns. *Review of Accounting Studies* 10：223-226，2005

Zhang，F.. 2004. Information Uncertainty and Stock Returns. Working Paper，University of Chicago

6.5　投资者情绪与股票的横截面回报

Baker，Malcolm，and Jeffrey Wurgler. 2005. Investor sentiment and the cross-section of stock returns. *Journal of Finance* LXI：1645-1678

在传统的金融学理论中，股票的回报是由其系统风险决定的。在控制了企业的系统风险后，其他公司特征或因素不决定股票的回报。投资者情绪（investor sentiment）因为和企业特征无关，所以也不能影响公司股票的回报。

本文不同意这种观点，本文的核心贡献是发现投资者情绪（乐观还是悲观，高涨还是低落）对股票的回报有显著的影响。作者将股票分为两类，一类是比较难以对其内在价值做出准确评估的股票，比如小盘股、年轻公司股、波动性强、不盈利、没有分红的、经营遇到挫折的、增长速度过快的股票。另一类则是除此以外内在价值相对比较容易衡量的股票。在投资者情绪的衡量上，本文综合了散布于以前文献中的各种指标，使用统计方法进行了综合，并根据这个指标判断一个时期内投资者情绪是高涨还是低落。

文章发现，在投资者情绪比较低落的时期，内在价值难以估计的股票更容易被低估，从而导致其未来回报较高；反之，在投资者情绪比较高涨的时期，这些股票更容易被高估，从而导致其未来回报较低。

本文是行为金融学中的一篇重要文献，它直接衡量了投资者情绪，证明了股票价格不仅仅是由未来现金流和风险水平决定的。作为股票需求方的投资者的情绪同样对股票价格有重要影响。

6.5.1 理论分析

文章首先收集了投资者情绪替代变量，由于现实中没有完美和通用的替代变量，文章使用了实践中的办法。在已有研究中一些代理变量的基础上，使用主元分析法得到一个综合的投资者情绪的指数。为了减少选取的变量与系统风险的关系，这些选取的变量中使用一些宏观经济的变量。然后开始检验横截面股票的预期回报与检验期期初的投资者情绪的关系。本文的数据是1963—2001年的月度股票回报及各月期初的投资者情绪指标。

文章的假设认为大规模公司很少受到投资者的情绪影响。然后用平均回报进行检验发现，投资者情绪低时小公司潜在回报高，而投资者情绪高时，这种规模影响几乎没有。但使用其他一些公司特征变量进行检验发现，投资者情绪低的时候，新上市公司、收益波动大的公司、盈利不强的公司和没有分红的公司相对潜在未来回报会高一些。当投资者情绪高的时候，这种情况刚好相反。换句话说，以前看似没有什么预测能力的指标（如投资者情绪），实际上具有很强的预测能力。这是文章的重大贡献。尽管早些年数据有些不齐全，但是把这个结论延伸到1931—1961年期间，也是非常明显的。

6.5.2 研究方法

为了区别在横截面水平上投资者情绪驱动的变化，设定变量时主要有两个：一个是关于投资者情绪的影响；一个是跨越所有时期的特征影响。因此设定方程如下：

$$E_{t-1}[R_{it}]=a+a_1T_{t-1}+b_1\boldsymbol{x}_{it-1}+b_2T_{t-1}\boldsymbol{x}_{it-1}$$

式中，i是公司变量；t是时间变量；$\boldsymbol{x}$是特征向量，代表特征元素；T是投资者情绪的替代变量；a_1是情绪变量的影响系数；b_1是特征向量的影响系数。而有意义的系数在于b_2如果不等于零，则说明情绪变量驱动了市场的错误定价。这个方程称之为条件特征模型，主要是因为这是Daniel and Titman（1997）的特征模型增加了条件限制。

公司特征变量定义：(1) MOM 为 11 个月的累计回报（-12，-2）。(2) Size 用市场流通股份来衡量。(3) Age 用公式在 CRSP 数据库第一次出现的年份开始算起。(4) Profitability 用 Earnings/Book Equity 来表示，这是一个虚拟变量。如果 $E>0$ 就是盈利公司，如果等于零就是非盈利公司。(5) 股利特征是 Dividend/Book Equity，也是一个虚拟变量，如果 $D>0$ 就是分红公司，$D=0$ 就是非分红公司。(6) 有形资产特征使用 PPE/Asset 来衡量。(7) 外部融资用资产变化减去留存收益的变化除以资产。(8) 销售成长用净销售额变化除以前一年度的销售额。

投资者情绪定义：投资者情绪是多个指标的综合指数，所以首先介绍这些指标的获得。(1) CEFD——封闭式基金折现率。以前的研究都认为封闭式基金与投资者情绪相关；Zweig (1973) 用它预测道琼斯指数的修改；Lee et al. (1991) 认为投资者情绪与封闭式基金折现率有关。(2) TURN——NYSE 的股票流动率。Baker and Stein (2004) 认为股票流动率可以作为投资者情绪指标之一；Jones (2001) 发现高的流动率预示着低的市场回报。(3) NIPO——当年发行新股的数目。(4) RIPO——第一天上市的平均回报率。Stigler (1964)，Ritter (1991) 认为 IPO 直接关系到投资者对于市场的乐观程度，也影响投资者情绪。(5) S——股权比重，主要指发行所有股权占所有发行股权与所有发行长期负债之和的比重。(6) P^{D-ND}——股利溢价，股利溢价可以作为衡量市场一些特征需求的替代变量。

对以上六个替代变量进行主元分析，获得投资者情绪的综合指数：

$$\begin{aligned}\mathrm{SENTIMENT}_t = & -0.241\mathrm{CEFD}_t + 0.242\mathrm{TURN}_t - 1 \\ & + 0.253\mathrm{NIPO}_t + 0.257\mathrm{RIPO}_t - 1 \\ & + 0.112S_t - 0.283P^{D-ND}_{t-1}\end{aligned}$$

如果考虑行业指数、消费指数和 NBER 宏观指数，投资者情绪指数主元分析结果解释力会更好。

$$\begin{aligned}\mathrm{SENTIMENT}\perp t = & -0.198\mathrm{CEFD}\perp t + 0.225\mathrm{TURN}\perp t - 1 \\ & + 0.234\mathrm{NIPO}\perp t + 0.263\mathrm{RIPO}\perp t - 1 \\ & + 0.211\mathrm{S}\perp t - 0.243\mathrm{P}^{\mathrm{D-ND}}\perp t\end{aligned}$$

投资者情绪是否可以影响回报变化率，也就是投资者情绪对于回报的敏感性，使用回归：

$$RX_{it}=\mathrm{High}_t-RX_{it}=\mathrm{Low}_t=c+d\mathrm{SENTIMENT}_{t-1}+u_{it}$$

如果考虑其他影响回报变化的因素，使用多元回归：

$$RX_{it}=\mathrm{High}_t-RX_{it}=\mathrm{Low}_t=c+d\mathrm{SENTIMENT}_{t-1}+\beta\mathrm{RMKT}_t+s\mathrm{SMB}_t+h\mathrm{HML}_t+m\mathrm{UMD}_t+u_{it}$$

式中，RMKT 是超出无风险回报的市场回报；UMD 是高回报股票收益减去低回报收益，使用（－12，－2）期间；SMB 按照 Fama 和 French 的分类法，大盘股或小盘股建立投资组合的回报，依据 HML 指标分类大小盘，HML 指标是按照 Book Equity/Market Equity 分出来的投资组合。

文章同时进行了盈余公告、系统风险和时间的验证性检验，把数据延伸到 1931 年获得了同样的结论。验证文章中的理论提法，系统风险检验：

$$RX_{it}=\mathrm{High}_t-RX_{it}=\mathrm{Low}_t=c+d\mathrm{SENTIMENT}_{t-1}+\beta(e+f\mathrm{SENTIMENT}_{t-1})\mathrm{RMRF}_t+u_{it}$$

发现风险溢价 RMRF 与 SENTIMENT 是相互变化的，也就是说市场系统风险并没有完全解释横截面上的这种超额回报。

盈余公告日的检验：

$$\mathrm{CARX}_{it}=\mathrm{Decile}_t=c+d\mathrm{SENTIMENT}\perp t-1+u_t$$

式中，CAR 是$(-1,\ 1)d$ 的超额累计回报。

检验结论发现，CAR 与 SENTIMENT 的系数 d 是负数；也就是说随着情绪指数变高，盈余公告日的影响在降低。

6.5.3 结论与意义

传统的经典金融理论认为投资者情绪对于横截面股票价格、实现的股票回报和预期的股票回报没有任何影响。这篇文章挑战了这个结论，使用了理论分析、历史数据验证和一些相关的投资者情绪的实证检验，发现了显著的影响。这篇文章在行为金融学上的意义和贡献是显而易见的。

参考文献

Baker，Malcolm，and Jeremy Stein. 2004. Market Liquidity as a Sentiment Indicator. *Journal of Financial Markets* 7：271−299

Baker，Malcolm，and Jeffrey Wurgler. 2000. The Equity Share in New Issues and Aggregate Stock Returns. *Journal of Finance* 55：2219−2257

Campbell，John Y.，and John H. Cochrane. 2000. Explaining the Poor Performance of Consumption Based Asset Pricing Models. *Journal of Finance* 55：2863−2878

Daniel，Kent，and Sheridan Titman. 1997. Evidence on the Characteristics of Cross-sectional Variation in Stock Returns. *Journal of Finance* 46：1739−1764

De Long，J. Bradford，Andrei Shleifer，Lawrence H. Summers，and Robert Waldmann. 1990. Noise Trader Risk in Financial Markets. *Journal of Political Economy* 98：703−738

Fama，Eugene F.，and Kenneth R. French. 1993. Common Risk Factors in the Returns on Stocks and Bonds. *Journal of Financial Economics* 33：3−56

Jones，Charles. 2001. A Century of Stock Market Liquidity and Trading Costs. Working Paper，Columbia University

Kothari，S. P.，and Jay Shanken. 1997. Book-to-market，Dividend Yield，and Expected Market Returns：A Time-series Analysis. *Journal of Financial Economics* 44：169−203

Lee，Charles，Andrei Shleifer，and Richard H. Thaler. 1991. Investor Sentiment and the Closed-end Fund Puzzle. *Journal of Finance* 46：75−109

Lettau，Martin，and Sydney Ludvigson. 2001. Resurrecting the (C) CAPM：A Cross-sectional Test When Risk Premia Are Time-varying.

Journal of Political Economy 109：1238－1287

Menzly，Lior，Tano Santos，and Pietro Veronesi. 2004. Understanding Predictability. *Journal of Political Economy* 112：1－47

Neal，Robert，and Simon Wheatley. 1998. Do Measures of Investor Sentiment Predict Stock Returns. *Journal of Financial and Quantitative Analysis* 34：523－547

Ritter，Jay. 1991. The Long-run Performance of Initial Public Offerings. *Journal of Finance* 46：3－27

Shiller，Robert J.. 1981. Do Stock Prices Move Too Much to Be Justified by Subsequent Changes in Dividends? *American Economic Review* 71：421－436

Shiller，Robert J.. 2000. *Irrational Exuberance*（Princeton UP，Princeton）

Shleifer，Andrei，and Robert W. Vishny. 1997. The Limits of Arbitrage，*Journal of Finance* 52：35－55. Siegel，Jeremy. 1998. *Stocks for the Long Run*（McGraw-Hill，New York）

Wachter，Jessica. 2000. *Habit Formation and the Cross-section of Asset Returns*，Chapter 4 of Ph. D. Dissertation，Harvard University

6.6 过早卖出盈利股而过久持有亏损股的倾向：理论和证据

Shefrin，Hersh，and Meir Statman. 1985. The disposition to sell winners too early and ride losers too long：theory and evidence. *Journal of Finance* 40：777－790

本文作为行为金融学中一篇重要的文章，为研究个体投资者典型的投资决策行为，即“投资者倾向于过早卖出盈利的股票而倾向于过久持有亏损的股票”，提供了实证理论基础。文章分为两部分。第一部分，作者论述了

“前景理论”（prospect theory）、“心理账户”（mental accounting）、“悔恨厌恶”（aversion to regret）和“自我控制”（self control）理论对上述投资者行为的解释力；第二部分，作者采用实证数据，证实了纯粹理性分析框架不足以解释上述投资者行为，从而为前景理论、心理账户、悔恨厌恶和自我控制等行为理论对投资者行为的解释力提供了间接的支持。

6.6.1　研究背景和主要理论

20世纪50年代，经济学家就已经证实在不确定条件下，人并不按照期望效用最大化原则进行决策。行为金融学正是上述研究成果与人类金融投资行为研究结合的产物。20世纪80年代，该学科一个重要的发现——“人在不能理性接受亏损的情况下，更倾向于参与那些他们清醒状态下不可能参与的赌博”（Kahneman and Tversky，1979，1982），为学科奠定了理论基础。

本文正是在Kahneman and Tversky（1979，1982）研究结论的基础上，对投资者的盈利/亏损实现行为进行分析。个体投资者的盈利/亏损实现行为中，大多存在着“处置效应”。所谓“处置效应”是指大众投资者在股票投资过程中，倾向于过早卖出盈利的股票（winners），并倾向于过久持有亏损的股票（losers）。

作者在文章中对处置效应的形成机理进行了阐述，认为纯粹的理性分析模型（constantinides' strategy）并不能完全解释处置效应，而行为科学中的前景理论、心理账户、悔恨厌恶和自我控制理论则可以帮助解释处置效应。

6.6.2　前景理论

前景理论（Kahneman and Tversky，1982）认为，行为人在不确定性下做决策时，首先会根据一个基本参考点（a fixed reference point），评估每种方案的潜在收益或损失，该阶段称为修订阶段（editing stage）。然后，根据一个S形的效用函数进行决策，该阶段称为评估阶段（evaluation stage）。S形效用函数意味着投资者在存在收益的情况下，会选择风险规避；而在存在亏损时，更加偏好风险。根据前景理论，我们就不难理解为什么投资者在股票盈利时倾向于卖出股票，在股票亏损时倾向于持有股票了。因为在股票盈利时，投资者是风险规避的，因而急于卖出风险资产——股票，转而持有现金；而在股票亏损时，投资者是风险偏好者，因而更倾向于持有股票而放弃兑现。

6.6.3 心理账户

心理账户是对前景理论的发展。行为人根据基本参考点（股票投资中，该基本参考点多数情况下为股票的成本价），对每项不确定性决策都单独评估其对应方案的潜在收益或损失，并将该损失或收益存放在该项不确定性决策的“心理账户”中，而不考虑各项不确定性决策之间的相关性。心理账户盈余时，投资者倾向于结算该账户，而心理账户亏损时，投资者则很难做出结算该账户的决定（Thaler and Johnson，1985）。因此，当股票盈利时，也即投资者心理账户盈余时，投资者倾向于结算心理账户——卖出股票，实现收益；而在股票亏损时，心理账户是亏损的，投资者倾向于保留心理账户，因而出现长期持有亏损股的现象。

心理账户对前景理论的发展在于，它刻画了投资者在多项不确定性决策背景下的决策行为。而前景理论仅阐述了人在单一不确定性决策背景下的决策行为。心理账户理论能帮助解释投资者的投资组合管理行为。

6.6.4 悔恨厌恶

投资者卖出亏损的股票，意味着最初的投资决策是错误的。错误往往会招致悔恨（regret）的情绪。投资者卖出盈利的股票，意味着最初的决策是正确的，因而会引发骄傲（pride）的情绪。人类喜欢享受骄傲的情绪，而难以忍受进而千方百计地设法避免悔恨的情绪（Thaler，1980；Kahneman and Tversky，1982，1979；Shefrin and Statman，1984）。为了获得骄傲的情绪，投资者便倾向于及时卖出盈利的股票（暂且将这种行为称为“骄傲实现”行为），而为了规避悔恨的情绪则选择长时间持有亏损的股票，将悔恨情绪触发的时间向后推延或等待股票出现盈利（暂且将这种行为称为“悔恨规避”行为）。此外，Kahneman and Tversky（1982，1979）和 Thaler（1980）都认为悔恨情绪对人行为的影响力要较骄傲情绪更大，因而决策者的悔恨规避行为会较骄傲实现行为更加频繁，也更加强烈。

悔恨厌恶理论从人的情绪和行为出发，为前景理论中的 S 形效用函数和心理账户理论中“投资者在心理账户存在盈余时倾向于结算该账户，而在心理账户亏损时难以接受结算心理账户”的论断，都提供了很好的行为学解释。

6.6.5　自我控制

自我控制是指投资者控制悔恨或骄傲情绪的能力，同样也是影响处置效应的重要因素。自我控制能力越强，投资者在心理账户亏损时，悔恨厌恶情绪越弱，因而越容易理智地决策（不受情绪的影响），不至于一味地持有亏损股票；而在心理账户盈利时，又能很好地控制骄傲实现行为，不至于一味地卖出盈利股票。作者还考虑到投资实务中，投资决策和投资操作大多是独立进行（Thaler-Shefrin，1981），并且操作者会事先确定止损点（Glick，1957），从而在制度上实现自我控制的功能。不管是投资者自身修炼的自我控制能力，还是种种实务操作制度的存在，都起到了抑制处置效应的作用。因而，现实中的处置效应或许要比按照行为或心理学理论推理的强度较弱。

自我控制理论与前景理论、心理账户及悔恨厌恶共同影响投资者的处置效应。但因为影响的方向不同，从而在某种程度上，使得处置效应的研究更多地成为了一个实证话题。

综合上述四种理论，处置效应的行为/心理学解释如下：投资者在面对是否该卖出某只股票的决策时，首先会判断卖出股票带来的盈利/损失，并将该盈利/损失存放在该只股票的心理账户中。在该阶段，投资者将该只股票的盈利/损失判断与其持有的其他投资品种分开并独立评估。然后，如果心理账户盈余，这种盈余会给投资者带来骄傲的情绪，从而触发投资者的骄傲实现行为（pride seeking）。这种骄傲实现行为导致了投资者选择风险回避策略（前景理论），进而及早地卖出股票。如果心理账户亏损，这种亏损会给投资者带来悔恨的情绪，从而触发投资者的悔恨规避行为（avoidance of regret），进而倾向于选择风险偏好策略（前景理论），持有亏损的股票。自我控制的存在，使得上述心理过程造成的处置效应强度减弱。

6.6.6 实证检验

上述理论推理能够解释处置效应，但这并不能证明上述四种行为理论就是处置效应的原因。Constantinides（1983，1984）在市场均衡框架下证明了税收因素有可能造成处置效应。这在一定程度上证明了处置效应是理性决策的结果，而非行为或心理因素的结果。为了证明行为因素的存在，作者采用了1964—1970年间个人投资者卖出股票的数据记录。样本数据分为两部分，一部分来自Schlarbaum et al.（1978）的个人投资者交易历史数据，另一部分来自共同基金的申购/赎回历史数据。作者计算了投资者的持有周期和卖出股票时的盈利/亏损状况，得出表6—1的结论。

表6—1　　在税收动机下，预期的投资者盈利/损失实现行为

在税收动机下，预期的投资者盈利/损失行为				Schlarbaum et al.（1978）样本中，投资者盈利/损失行为的实证结果
(1)	(2)	(3)	(4)	(5)
投资持有期（月）	盈利实现交易的频率	损失实现交易的频率	所有交易中，盈利实现交易的占比	所有交易中，盈利实现交易的占比
0～1	很低	中等	低	0.58
2～6	很低	高	很低	0.57
7～12	高	低	高	0.59

从表6—1可以看出基于税收动机的理性决策推理结论（第（2）、（3）、（4）列）（推理过程略）与数据实证结果（第（5）列）很不一致，这在一定程度上否定了理性决策框架是处置效应的唯一因素，从而间接地为行为理论提供了支持。

作者还采用了1961年1月至1973年12月共同基金申购/赎回数据。作者根据税收因素理性分析框架认为，在出现亏损时，投资者倾向于立刻赎回，而在盈利时持续持有。因此在存在亏损时，赎回/申购比例应当较大，而在盈利时，赎回/申购比例较小。而实际的数据显示（见表6—2），盈利或亏损时，赎回/申购比例并不存在显著的差异。这也证明了基于税收因素的理性分析框架并不能完全解释处置效应，同样也为行为理论的可能性提供了支持。

表6—2 **盈利/亏损情况下，共同基金赎回比例**

	T—1月份存在盈利和亏损的两组共同基金，*T*月份赎回金额与*T*—1月份申购金额的比例均值			*T*—1月份存在盈利和*T*—1月份存在亏损的共同基金的平均收益/亏损率	
	T—1月份存在盈利的组别	*T*—1月份存在亏损的组别	*T*值	*T*—1月份存在盈利的组别	*T*—1月份存在亏损的组别
免佣基金（1961年1月至1973年12月）					
仅*T*—1月份存在盈余或亏损	0.53	0.53	−0.09	5.2	−5.3
	(0.18)	(0.23)			
仅*T*月份存在盈余或亏损	0.61	0.53	1.32	5.1	−5.3
	(0.25)	(0.19)			
*T*月份和*T*—1月份均存在盈余或亏损	0.62	0.59	0.42	7.8	−7.4
	(0.25)	(0.21)			
经纪商基金（1961年1月至1981年12月）					
仅*T*—1月份存在盈余或亏损	0.93	0.74	1.69	7.0	−6.9
	(0.50)	(0.34)			
仅*T*月份存在盈余或亏损	0.90	0.86	0.39	7.0	−6.8
	(0.47)	(0.42)			
*T*月份和*T*—1月份均存在盈余或亏损	0.92	0.91	0.04	9.9	−9.9
	(0.49)	(0.43)			
直销基金（1961年1月至1981年12月）					
仅*T*—1月份存在盈余或亏损	0.92	0.66	1.62	7.0	−6.9
	(0.55)	(0.43)			
仅*T*月份存在盈余或亏损	0.86	0.79	0.43	7.0	−6.8
	(0.49)	(0.44)			
*T*月份和*T*—1月份均存在盈余或亏损	0.9	0.84	0.47	9.9	−9.9
	(0.50)	(0.46)			

6.6.7 研究结论和不足

文章通过对 Kahneman and Tversky（1979，1978）研究结论的推广，论证了前景理论、心理账户、悔恨厌恶和自我控制等行为或心理理论对处置效应的解释作用，并用实证数据证实了理性决策模型并不能完全解释投资者的盈利/亏损实现行为，从而为行为理论提供了间接的支持。

正如作者在文章中提到的，虽然文章提出的四种行为理论推测结果与实证数据一致，但因为本文采用的数据及研究方法存在一定的局限，因而文章结论只是初步的。为了证实行为理论是处置效应的原因，研究者还需要排除影响投资者收益/亏损实现行为的其他因素，比如，投资者对未来收益的判断、投资者在实现收益/亏损时的消费需求及投资者面临的不同信息环境等。对于这一问题的深入研究需要更加详细的个人投资者交易数据，直到 90 年代后期，美国加州大学伯克利分校的 Terrance Odean 教授等人才在数据库问题上有了重大突破，并在这个方向的研究上取得了重大成果，读者可以参考 Terrance Odean 教授等人的文章。

参考文献

D. Kahneman and A. Tversky. 1979. Prospect Theory: An Analysis of Decision under Risk. *Econometric* 47：263－291

D. Kahneman and A. Tversky. 1982. The Psychology of Preferences. *Scientific American* 246：167－173

George M. Constantinides. 1983. Capital Market Equilibrium with Personal Tax. *Econometric* 51：611－636

George M. Constantinides. 1984. Optimal Stock Trading with Personal Taxes：Implications for Prices and the Abnormal January Returns. *Journal of Financial Economics* 13：65－89

Gary G. Schlarbaum，Wilbur G. Lewellen，and Ronald C. Lease. 1978. Realized Returns on Common Stock Investments：The Experience of Individual Investors. *Journal of Business* 299－325

Hersh M. Shefrin and Meir Statman. 1984. Explaining Investor Preference for Cash Dividends. *Journal of Financial Economics* 13：253–282

Ira Glick. 1957. *A Social Psychological Study of Futures Trading*. Ph. D. Dissertation，University of Chicago

Investment Company Institute. 1983. *Statistical Workbook*. Washington，D. C.

Leroy Gross. 1982. *The Art of Selling Intangibles：How to Make your Million（$）by Investing other People's Money*. New York Institute of Finance，New York

R. Thaler. 1980. Toward a Positive Theory of Consumer Choice. *Journal of Economic Behavior and Organization* 1：39–60

R. Thaler. 1984. Using Mental Accounting in a Theory of Consumer Behavior. Working Paper，Cornell University

R. Thaler and H. Shefrin. 1981. An Economic Theory of Self-Control. *Journal of Political Economy* 89：392–410

Richard Thaler and Eric Johnson. 1985. The Break Even Effect. Forthcoming，Working Paper

Sonny Kleinfield. 1983. *The Traders*. New York：Holt，Rinehart and Winston

第 7 章

投资策略设计中的统计问题：如何正确衡量股票的回报

7.1 本章概述

投资回报，尤其是超额回报的衡量并不是一个简单的问题。如果比较点选择得不好，很有可能把不是异象的现象归为异象。

本章介绍了两篇最具代表性的讨论超额回报衡量问题的文章，供读者在研究中参考。

7.2 发现股票长期超额回报：检验统计量功效与设定的经验证据

Barber, Brad, and John Lyon. 1997. Detecting long-run abnormal stock returns: the empirical power and specification of test statistics. *Journal of Financial Economics* 43: 341-372

市场效率是关系金融、会计等理论研究的基本问题。在过去 20 年中，金融学术界最显著的改变就是，关于资产回报是否可预测的认识发生了变化。20 世纪 80 年代之前，理论界普遍认为资产回报是不可预测的，这就意味着资本市场能充分而及时地反映信息。80年代之后，理论界发现了越来越多的市场异象，即认为股票的回报是可以预测的（特别在长窗口的研究中），这就对市场效率提出了质疑。

长窗口的回报可预测性研究属于事件研究的范畴。金融和会计学术界的事件研究始于 Fama et al.（1969）和 Ball and Brown（1968）。在研究的早期，大多是短窗口的事件研究，短窗口的事件较少受到计量问题的困扰。但是，短窗口的事件研究假定市场能够在较短的时间内对事件（信息）进行充分的反映。随着研究的发展，以上假定受到了许多质疑，许多长窗口的事件研究认为，价格对信息的反应是缓慢的，会持续一年甚至三年或五年的时间。为了充分衡量事件的影响，必须进行长窗口的研究。

Barber and Lyon（1997）一文使用模拟的方法比较了实证研究中经常使用的计算长期超额回报的不同方法，对于评价现有文献中长期超额回报的研究具有重要的理论及实践意义。该文主要分析了两个问题：首先是超额回报的计算方法，第一种方法是累计超额收益（cumulative abnormal return，CAR），第二种方法是购买并持有的超额收益（buy-and-hold abnormal return，BHAR）。其次，任何超额回报的计算必须依赖于正常回报的估计，这就是 Fama（1970）所强调的联合检验问题。该文比较和评价了在计算长期超额收益时经常使用的三种基准（正常回报率的决定模型），包括参考组合法、控制公司法和 Fama-French 的三因素模型（只适用于计算 CAR，而不适用于计算 BHAR）。详细的计算方法见表7—1。

从表7—1可以看出，参考组合法下 CAR 和 BHAR 受到较多偏差的影响，而控制公司法下的超额回报偏差较小。控制公司法计算超额回报，可以避免参考组合法下的新上市公司偏差（因为样本公司和控制公司在事件日时同时存在），重新调整余额偏差（因为样本公司和控制公司可以避免在计算一个组合时的重新调整余额问题）和偏度偏差（样本公司和控制公司存在同等程度的偏度）。Fama-French 三因素模型计算的超额回报，又称为日历时间法的超额回报，计算方法是将事件后的月超额回报对市场风险、规模因子和 BM 因子进行回归，这种方法只能用于计算 CAR。三因素模型的优点是，当样本公司的规模或 BM 不存在时也可以进行回归，求出超额回报；但是会

表 7—1　　长期超额回报的计算方法及偏差来源

		CAR	BHAR
参考组合法	Size 组合 BM 组合 Size/BM 组合 等权市场指数	测量偏差 新上市公司偏差 分布有偏偏差	新上市公司偏差 重新调整余额偏差 分布有偏偏差
控制公司法	Size 匹配 BM 匹配 Size/BM 匹配	测量偏差	无偏差
Fama-French 三因素模型	截距项	生存偏差	不适用

存在比较严重的生存偏差问题，即至少要在事件日后存在 5 个月度的回报观测值，并且要假定在事件日之后的长窗口中参数是稳定的。

对于表 7—1 中的多种长期超额回报计算的方法，该文使用美国 NYSE/AMEX/NASDAQ 的上市公司 1963—1994 年的数据进行了模拟。该文使用的方法是计算 T 统计量在长窗口事件研究中的功效（power）与设定（specification）。所谓功效，是指当存在长期的超额回报时，统计检验可以发现长期超额回报的概率，等于 $1-\beta$（β 是犯第二类错误的概率，纳伪错误）；所谓设定，是指当不存在长期的超额回报时，统计检验中拒绝原假设，认为存在长期超额回报的概率 α（α 是犯第一类错误的概率，弃真错误）。另外，该文还使用非参数的 Wilcoxon 秩和检验进行了稳健测试。

该文的结论部分依次提供了随机样本下 CAR 与 BHAR 统计量的功效与设定，当样本与规模或 BM 相关时 CAR 与 BHAR 统计量的功效与设定，CAR 中的测量偏差，与长期超额回报中位数 Wilcoxon 秩和检验的功效与设定。

在随机样本下，该文随机抽取了 200 个样本公司，共进行了 1 000 次随机抽样，分别计算 12，36 和 60 个月的 CAR 和 BHAR 的 T 统计量。然后，计算出 T 统计量犯两类错误的频率。结果表明，按照参考组合的方法计算 CAR 是正偏的，且偏差与窗口的长度正相关。当使用等权市场指数来计算超额回报时，CAR 的偏差最大。采用控制公司的方法计算的超额回报在设定上是正确的，即犯第一类错误（弃真错误）的频率与理论上的显著性水平一致。三因素模型计算的超额回报是负偏的。从检验的功效上来讲，参考组合法的功效要大于控制公司法和三因素模型。对于 BHAR 来讲，T 统计量存在显著的负偏，这主要来源于计算 BHAR 时的重新调整余额偏差和分布有偏偏差，显然新上市公司偏差带来的正偏要小于这两种偏差的负偏程度。控制公司法比参考组合法下的 BHAR 的均值与零差异更小，且偏度也更小。显然，正如表 7—1 所示，控制公司方法比参考组合法受到偏差的影响更小，更适合作为正常回报的基准。采用控制公司法计算的 CAR 与 BHAR 相比，BHAR 下 T 统计量犯第一类错误的频率与理论上的显著性水平更接近。故 Barber and Lyon（1997）推荐使用基于控制公司法的 BHAR 来衡量股票的长期超额回报。

以上结论需要假定样本是随机的，而事实上资本市场的很多事件研究中，事件并不是随机的。事件的发生可能受到公司规模、BM、市场整体行情或公司过去回报等的影响，该文提供了部分情况的稳健测试结果。结果表明，无论是对于大公司还是小公司，高 BM 的公司还是低 BM 的公司，参考组合法和三因素模型的设定错误都较大；但是，控制公司法在除大公司以外的样本中，能产生最佳的设定（犯第一类错误的频率与理论水平最接近）。最后，该文也提供了长期超额回报中位数 Wilcoxon 秩和检验的功效与设定的模拟结果，发现按规模/BM 匹配的控制公司法在所有抽样情况下，能产生最佳的设定（犯第一类错误的频率与理论水平最接近），并且其功效要比参数检验情况下更大。

CAR 与 BHAR 具有不同的含义，CAR 衡量的是平均月回报，比如 12 个月的 CAR 除以 12 以后就是一年之内的月平均超额回报；而 12 个月的 BHAR 衡量的是年超额回报，即投资者购买并持有 12 个月可以赚取的超额回报。同时，由于 CAR 是 BHAR 的有偏估计，该文使用模拟方法比较了规模/账面价值与市值比控制样本方法计算的 CAR 与 BHAR，研究发现，CAR 犯第一类错误的频率要比 BHAR 高 3.7%，对于小规模公司来讲，该差异则上升到 4.7%。以上结果可以解释为，在长窗口事件研究中使用 CAR 会比使用 BHAR 有更高的概率拒绝市场效率假设。

该文从方法论的角度研究了长期超额回报问题，对于金融与会计中的长窗口事件研究、投资策略研究、市场效率研究等具有重要的指导作用，也是一篇承上启下的重要文献。在该文之前，Brown and Warner（1980，1985）等研究了短窗口事件研究中超额回报的统计特性，认为长窗口事件研究功效较低。本文则研究了长窗口事件研究的设定和功效。显然，在长窗口事件研究中，超额回报统计特征的研究会更加复杂且更富有理论和实践意义。本文的结论也确实支持以上观点，研究发现，在已有文献中使用的许多方法都是有缺陷的，会导致有偏的检验统计量。

在该文之后，又有许多研究文献采用了该文的观点，使用 BHAR 来计算长期超额回报。另外，也有许多方法论的文献对该文的结论进行了深入研究。

Fama（1998）则反对 Barber and Lyon（1997）的观点，认为 BHAR 方法会通过复合过程加剧超额回报估计中的偏差。由于任何期望回报模型都存在偏差，CAR 的计算过程使得一期的偏差只影响当期，而 BHAR 的复合计算过程，使得某一期的偏差一直要影响到之后所有期间的超额回报。Fama（1998）认为日历时间的回归方法（Fama-French 三因素模型）在长期股票超额回报研究中能提供最可靠的推断。Kothari and Warner（2006）认为股票的长期超额回报方法有了很大的提高，但是还存在严重的局限性。文献中发现的市场异象到底是市场定价错误，还仅仅只是由于长期超额回报计算有偏差？故这类方法论的研究具有重要的意义。该类研究表明，当市场有效时，由于长期超额回报计算的偏差，使长窗口的研究非常容易得出市场定价错误的错误结论。

Mitchell and Stafford（2000）和 Brav and Gompers（2000）支持在长期超额回报计算中使用 Jensen Alpha 方法。Lougram and Ritter（2000）则反对以上观点，认为日历时间方法（Jensen Alpha 方法）对每个时期给予平均的权重，不利于发现管理者对事件的自选择造成的长期超额回报。

长期超额回报中，超额回报之间的相关性问题也非常严重，即使事件日没有聚集在某个日历时间上，横截面上的相关（cross-correlation）也是不可忽视的，这是由于部分样本公司的超额回报会共享部分共同的日历期间。当存在相关性而不加以考虑时，会低估超额回报的方差，T 统计量会高估，这就导致犯第一错误的概率要大于理论上的显著性水平。已有研究文献提出了密集计算方法（bootstrapp，pseudoportfolio）为基础的统计检验可以解决相关性问题导致的过度拒绝（Lyon et al.，1999；Jegadeesh and Karceski，2004）。

尽管 Barber and Lyon（1997）在发表后的十年间有支持，也有质疑，但截至目前，还没有公认的结论，这也正说明了研究长期股票超额回报方法的重要性及难度。

参考文献

Ball，R.，and P. Brown. 1968. An Empirical Evaluation of Accounting Income Numbers. *Journal of Accounting Research* 6：159-177

Barber，B. M.，and J. D. Lyon. 1997. Detecting Long-Run Abnormal Stock Returns：The Empirical Power and Specification of Test Statistics. *Journal of Financial Economics* 43：341-372

Brav，A.，C. Gezcy and P. Gompers. 2000. Is the Abnormal Return Following Equity Issuances Anomalous? *Journal of Financial Economics* 56：209-249

Brown，S. J.，and J. B. Warner. 1980. Measuring Security Price Performance. *Journal of Financial Economics* 8：205-258

Brown，S. J.，and J. B. Warner. 1985. Using Daily Stock Returns：The Case of Evenet Studies. *Journal of Financial Economics* 14：3-31

Fama，E.，L. Fisher，M. Jensen and R. Roll. 1969. The Adjustment of Stock Prices to New Information. *International Economic Review* 10：1-21

Fama，E. F.. 1998. Market Efficiency，Long-Term Returns，and Behavioral Finance. *Journal of Financial Economics* 49：283-306

Jegadeesh，N.，and J. Karceski. 2004. *Long-Run Performance Evaluation：Correlation and Heteroskedasticity-Consistent Test*，Emory University and University of Florida

Kothari, S. P., and J. B. Warner. 1997. Measuring Long-Horizon Security Price Performance. *Journal of Financial Economics* 43：301－339

Kothari, S. P., and J. B. Warner. 2006. *Econometrics of Event Studies*. Handbook of Corporate Finance：Empirical Corporate Finance. B. E. Eckbo. North-Holland，Evsevier

Loughran, T., and J. Ritter. 2000. Uniformly least powerful tests of market efficiency. *Journal of Financial Economics* 55：361－389

Lyon, J. D., B. M. Barber, and Chin-Ling Tasi. 1999. Improved Methods for Tests of Long-Run Abnormal Stock Returns. *The Journal of Finance* LIV（1）：165-201

Mitchell, M. L., and E. Stafford. 2000. Managerial Decisions and Long-Term Stock Price Performance. *The Joural of Business* 73（3）：287－329

7.3 检验股票长期超额回报的优化方法

Barber, Brad, John Lyon, and C. Tsai. 1999. Improved methods for tests of long-run abnormal stock returns. *Journal of Finance* 54：165－201

Lyon，Barber and Tasi（1999）对经验研究中最常使用的 BHAR 与 CAR 的统计检验进行了模拟，发现两种方法都存在设定错误。该文提出了一些修正这些设定错误的方法，在随机样本中能可靠地计量长期超额回报，但是在非随机样本中还存在一些问题。

在 Lyon，Barber and Tasi（1999）之前，就有文献对此类问题进行了研究。Barber and Lyon（1997）认为基于公司配比法（control firm）的 BHAR 能很好地衡量股票的长期超额回报，其犯两类错误的概率较低。Barber and Lyon（1997）所推荐的方法在实证研究中运用的并不多，常用的反而是组合配比法与 Fama-French 三因素模型。

Lyon，Barber and Tasi（1999）则在 Barber and Lyon（1997）研究的基础上，对实证研究中最常用的两种方法进行了修正。该文主要研究了两种计算长期超额回报的方法：第一种方法是在传统的事件研究框架内计算的购买并持有的超额收益（buy-and-hold abnormal return，BHAR），计算正常回报的组合要经过精心的构建，同时 t 统计量要进行偏度调整；第二种方法是日历时间方法（calendar-time）下的累计超额收益（cumulative abnormal return，CAR）。研究发现，这两种方法在随机样本的情况下，均能对长期超额回报进行可靠的计量，但是在样本非随机的情况下存在设定错误。

该文使用美国 NYSE/AMEX/NASDAQ 的上市公司 1973—1994 年的数据进行了模拟。该文使用的方法是计算 t 统计量在长窗口事件研究中的功效与设定。所谓功效，是指当存在长期的超额回报时，统计检验可以发现长期超额回报的概率，等于 $1-\beta$（β 是犯第二类错误的概率，纳伪错误）；所谓设定，是指当不存在长期的超额回报时，统计检验中拒绝原假设，认为存在长期超额回报的概率 α（α 是犯第一类错误的概率，弃真错误）。另外，该文还使用非参数的 Wilcoxon 秩和检验进行了稳健测试。

该文对 BHAR 进行统计检验时共使用了以下方法。

第一种方法是计算传统的 t 统计量，公式为：

$$t=\frac{\overline{AR_\tau}}{\sigma(AR_\tau)/\sqrt{n}}$$

第二种方法是计算偏度调整的 t 统计量，公式为：

$$t=\sqrt{n}\left(S+\frac{1}{3}\hat{\gamma}S^2+\frac{1}{6n}\hat{\gamma}\right)$$

式中，$$S=\frac{\overline{AR_\tau}}{\sigma(AR_\tau)}$$

$$\hat{\gamma}=\frac{\sum_{i=1}^{n}(AR_{i\tau}-AR_\tau)^3}{n\sigma(\overline{AR_\tau})^3}$$

第三种方法是密集计量方法（bootstrap①）下的 t 统计量：

$$t=\sqrt{n_b}\left(S^b+\frac{1}{3}\hat{\gamma}^b S^{b2}+\frac{1}{6n_b}\hat{\gamma}^b\right)$$

式中，$n_b=n/4$；S^b，$\hat{\gamma}$ 与第二个 t 统计量中的定义类似。

第四种方法是伪投资组合方法（pseudoportfolio），即从样本公司所在组（按规模/账面价值市值比分组）中随机抽取一个公司，以上过程重复进行，直到所有事件公司都有一个对应的配比公司，这样就形成一个伪投资组合，然后采用购买并持有法来计算长期超额回报 BHAR。以上过程再重新进行 1 000 次，就可得到 1 000 个伪投资组合和 1 000 个 BHAR，然后利用这 1 000 个 BHAR 的分布代表长期超额回报的分布。

该文第四部分是文章的检验结果，依次提供了随机样本和非随机样本下检验 BHAR 的 t 统计量的功效与设定。样本非随机主要包括以下一些情况：样本与规模或 BM、事件之前的业绩表现、产业相关、样本公司横截面相关（事件集中在某些日历时间区间上）等。

第五部分则提供了检验 CAR 是否显著的 t 统计量的功效与设定，包括 Fama-French 三因素模型、日历时间投资组合。

在随机样本下，该文每次随机抽取 200 个样本公司，共进行 1 000 次随机抽样，分别计算 12，36 和 60 个月的 BHAR 的 t 统计量。然后，计算 t 统计量犯两类错误的频率。结果表明：（1）BHAR 的 t 统计量分布呈现严重的负的偏差。（2）基于偏度调整的 t 统计量能减轻设定错误，但同样是负偏的。为了解决这个问题，下面就提供密集计算法下的 t 统计量。（3）密集计算法下基于偏度调整的 t 统计量的负偏问题能显著减轻。（4）伪投资组合方法下的检验统计量也是设定无误的。总之，在以上四种方法中有三种可以产生正确设定的统计量，分别是规模/账面价值市值比公司配比法下传统的 t 统计量。密集计算法下基于偏度调整的 t 统计量和伪投资组合方法下的检验统计量。

---

① Bootstrap 是以原始数据为基础的模拟抽样统计推断法，用于研究原始数据的某统计量的分布特征。直观含义就是，在样本中进行再抽样（resample），用于检验由样本得到的统计量的可信度。

该文同时提供了以上三种方法下 t 统计量功效的模拟结果。在计算 BHAR 时增加一个常数的超额回报，以观察不同方法下拒绝零假设的概率（统计检验可以发现长期超额回报的概率等于 $1-\beta$，β 是犯第二类错误的概率）。结果表明，密集计算法下基于偏度调整的 t 统计量，和伪投资组合方法下的检验统计量的检验功效要优于规模/账面价值市值比公司配比法下传统的 t 统计量（Barber and Lyon（1997）推荐的方法）的功效。这是在 Barber and Lyon（1997）基础上新的贡献。

以上结论需要假定样本是随机的，而事实上资本市场的很多事件研究中，事件并不是随机的。事件的发生可能受到公司规模、BM、市场整体行情、公司过去回报、产业、日历时间等的影响，该文提供了部分情况的稳健测试结果。研究发现，BM、事件日之前 6 个月的回报、产业分布等都会导致长期超额回报的 t 统计量有偏。

长窗口的事件研究中，不同样本公司的长期超额回报之间会存在横截面上的相关，这可能是由于事件集中在某些日历时间上或者是由于长期超额回报在日历时间上重叠的概率很大。模拟结果表明，以上三种方法都能较好地控制事件样本在某些日历时间上的集中而导致的超额回报相关问题；但是，当长期超额回报在日历时间上重叠而造成超额回报相关时，三种方法的统计量拒绝零假设的频率都明显要高于临界水平，即设定错误较严重。总之，当样本非随机分布时，常用的统计量存在设定错误的可能性很大，该文只是提供了这些模拟的结果，并没有给出解决的方法。

CAR 与 BHAR 具有不同的含义，CAR 衡量的是平均月回报，比如 12 个月的 CAR 除以 12 以后就是一年之内的月平均超额回报；而 12 个月的 BHAR 衡量的是年超额回报，即投资者购买并持有 12 个月可以赚取的超额回报。同时，由于 CAR 是 BHAR 的有偏估计（Barber and Lyon，1997），但是 CAR 与 BHAR 相比，分布上的偏度较小，更适合统计检验。模拟结果表明，对于 BHAR 能提供设定无误的三种统计方法同样也适用于 CAR 的统计检验；由于 CAR 分布偏度较小，采用组合配比法计算 CAR 时如果控制新上市偏差和生存偏差，传统的 t 统计量也是设定无误的；CAR 与 BHAR 一样，会受到非随机样本的严重影响。

由以上结论可知，无论是BHAR还是CAR，都会受到横截面相关性的重要影响，而日历时间投资组合的方法可以较好地控制这种相关性。该文提供了基于日历时间投资法的模拟结果，包括Fama-French三因素模型和基于日历时间组合配比法的平均月度超额回报。Fama-French三因素模型在随机样本中是正确设定的，但是在非随机样本中存在设定错误。对于超额回报横截面相关的样本，Fama-French三因素模型能可靠地衡量超额回报。基于日历时间组合配比法的平均月度超额回报与Fama-French三因素模型相冲突，这种方法更保守，该文推荐使用基于日历时间组合配比法的平均月度超额回报。

该文从方法论上研究了长期超额回报的统计检验问题，对于金融与会计中的长窗口事件研究、投资策略研究、市场效率研究等具有重要的指导作用。该文是这两个作者在Fama（1998），Barber and Lyon（1997），Kothari and Warner（1997）等文献争议的基础上的发展。在该文之后，如何检验长期超额回报仍然是理论界争论的话题，截至目前还没有得到一致的结论。比如，Mitchell and Stafford（2000）和Brav and Gompers（2000）支持在长期超额回报计算中使用Jensen Alpha方法。Lougram and Ritter（2000）则反对以上观点，认为日历时间方法（Jensen Alpha方法）对每个时期给予平均的权重，不利于发现管理者对事件的自选择造成的长期超额回报。

参考文献

Barber, B. M., and J. D. Lyon. 1997. Detecting Long-Run Abnormal Stock Returns: The Empirical Power and Specification of Test Statistics. *Journal of Financial Economics* 43: 341-372

Brown, S. J., and J. B. Warner. 1985. Using Daily Stock Returns: The Case of Evenet Studies. *Journal of Financial Economics* 14: 3-31

Fama, E. F.. 1998. Market Efficiency, Long-Term Returns, and Behavioral Finance. *Journal of Financial Economics* 49: 283-306

Jegadeesh, N., and J. Karceski. 2004. *Long-Run Performance Evaluation: Correlation and Heteroskedasticity-Consistent Test*, Emory University and University of Florida

Kothari, S. P., and J. B. Warner. 1997. Measuring Long-Horizon Security Price Performance. *Journal of Financial Economics* 43: 301–339

Kothari, S. P., and J. B. Warner. 2006. *Econometrics of Event Studies*. Handbook of Corporate Finance: Empirical Corporate Finance. B. E. Eckbo. North-Holland, Elsevier

Lyon, J. D., B. M. Barber, and Chin-Ling Tasi. 1999. Improved Methods for Tests of Long-Run Abnormal Stock Returns. *The Journal of Finance* LIV (1): 165–201

Mitchell, M. L., and E. Stafford. 2000. Managerial Decisions and Long-Term Stock Price Performance. *The Journal of Business* 73 (3): 287–329

第 8 章

证券投资研究未来展望

1964 年，在 Harry Markowitz 教授的投资组合理论基础上，William Sharpe 教授在 *Journal of Finance* 上发表了文章 *Capital Asset Prices: A Theory of Market Equilibrium Under Conditions of Risk*，提出了后来被 Eugene Fama 教授称为的资本资产定价模型（capital asset pricing model, CAPM）。

1970 年，Fama 教授在 *Journal of Finance* 上发表 *Efficient Capital Market: a Review of Theory and Empirical Work*，正式提出了有效资本市场假说。

20 世纪 80 年代以后，以 Robert Thaler，Robert Shiller，Andrei Shleifer 等教授为代表的经济学家，结合以心理学家 Daniel Kahneman 和 Amos Tversky 为代表的心理学研究，开创了行为金融学。

我们可以简化地把有效资本市场理论和行为金融学理论的争论概括为：在资本市场上，证券的价格是否等于其内在价值；即当前的证券价格，是否等于用 CAMP 计算的资本成本对未来预期现金流的折现值。如果是，市场就是有效资本市场；如果不是，或不持续是，市场就不完全是有效资本市场；引申为投资者会错误定价，市场上存在套利机会，以及风险本身不能完全解释证券的回报率。

不论是有效资本市场理论还是行为金融学理论，在其对世界的假设前提下，都是完美、坚实的。但是，现实市场是符合一个，还是符合另一个，则是实证问题。本书中回顾的学术文献，仅仅是近 40 年来检验资产定价理论（asset pricing）实证文献的极少数较有代表性的文献，是冰山一角。

尽管国际学术界做了如此大量的研究，今天，我们还是无法肯定地回答到底哪个理论符合市场现实！争论还在继续！

问题的核心，Fama 教授在 1970 年的文章中已经指出：任何对市场有效性的实证检验，都是一个联立假设检验：（1）市场是不是有效的；（2）检验使用的风险模型是不是对的。CAPM 模型只能告诉我们预期回报由系统性风险决定，并提出了一个系统性风险指标（市场因素，market factor），但是，CAMP 模型不能排除市场上还存在着我们不知道的其他系统性风险指标，和市场因素一起决定证券预期回报。因此，当一篇文章发现某个指标（例如 Sloan（1996）中的应计利润）和股票未来回报率相关时，行为金融学的解释是投资者没有充分理解应计利润的价值信息含量，对其做了错误定价，而有效资本市场理论认为该文章在正常回报的计量上没有充分控制系统性风险，因此错误定价不是真实的。如果我们根据应计利润构建一个系统性风险指标（the accrual factor；Francis，LaFond，Olsson，and Schipper，2005），然后放到预期回报的计量中去，我们会发现 Sloan（1996）的超额回报率消失了，市场还是有效的。

在我们就资产定价模型（包括一个或多个风险因素及其计量）达成共识之前，我们不得不和这个联立检验问题共存，并在此基础上开展研究。但是，这并不是说两派中任何一派或两派的研究没有意义。在任何社会科学学科中，证实和证伪都是困难的，都面临同样的问题。

在本章中，我们结合 3 篇最新的对证券投资研究领域进行回顾与展望的文章（Richardson，Tuna，and Wysocki，2010；Green，Hand and Zhang，2012；McLean and Pontiff，2013），综述证券投资研究的最新进展，并对这个领域做出一些展望。对于证券投资有兴趣的读者，我们强烈推荐大家阅读这三篇文章。需要说明的是，不论是有效资本市场理论，还是行为金融学理论，近 10 年来在理论模型分析上都缺乏比较显著的进展。因此，本章内容主要涉及围绕证券市场效率开展的实证研究。

8.1 投资策略研究的成果

本书第3章回顾了一些投资异象研究。一个投资异象指的是某一个指标（例如应计利润除以总资产），在控制了风险回报（正常回报）以后，还对未来股票回报有预测能力。我们每年买入应计利润指标最低的10%的公司，卖空应计利润指标最高的10%的公司，在一段时间内，可以取得正的超额回报。这个正超额回报的取得不符合有效资本市场假说的预测，因此被称为“异象”。

行为金融学对异象的解释是市场不是充分有效的，存在错误定价。对于投资行业，利用异象研究成果，可以构建投资组合，取得超额的投资收益。

Green，Hand and Zhang（2012）把异象研究根据其选取的指标分为三类①：第一类是以会计数据为基础的异象，计算中包含一个或多个会计三大报表数据的指标；第二类是以股票价格相关数据为基础的异象，计算中使用了股价变动、股价波动性、交易量等的指标；第三类为前两类以外的指标，往往是事件研究的对象，如企业并购事件等。

Green，Hand and Zhang（2012）收集整理了1970—2010年间美国主要会计、金融、经济学术及相关实务杂志上发现的异象指标，共333个，其中第一类147个，第二类106个，第三类79个。Subrahmanyam（2010）研究了50几个异象指标，而McLean and Pontiff（2013）检验了82个。

读者可能马上就有个疑问：这么多指标，都有用吗？都用吗？

对第一个问题的回答基本是肯定的。在控制其他因素一定的情况下，单独检验每个指标都能产生显著的超额回报率。这些异象研究基本都是严肃的学者进行的，经历过严格的审稿程序，发表在权威的学术或实务界杂志上。我们一般能想到的研究中可能存在的问题在审稿过程中都应该被问到，并由作者给予了处理。因此，40年积累的如此大量的异象研究已经表明我们的市

① Green，Hand and Zhang（2012）称为Return Predictive Signals（RPS）。

场不是时时处处有效率的，错误定价时常发生，而基于类似指标的投资策略研究对投资实践具有指导意义。

Richardson，Tuna，and Wysocki（2010）深入细致地以应计利润异象和盈余公告后漂移异象（Bernard and Thomas，1989）为例对正确检验某个指标和未来回报之间的关系是否构成异象做了方法上的回顾和重新检验，说明这两个异象能够经受住风险控制衡量、交易成本计算以及时间的检验。他们的方法可以被用到检验其他异象指标是否可靠。

对第二个问题的回答则有疑义。333 个指标是否都是互相独立的？换句话说，即使这些指标有信息含量，我们是否用得到这么多指标？如何判断一个新发现的异象是不是原来已经发现的多个异象的线性组合，因此是多余的呢？换句话说，如果我们现在新发现一个指标，第 334 号，其本身和股票未来回报相关，那么为了证明这是一个新异象，我们是否需要把第 334 号的回报率回归到前面 333 个异象指标上去，以控制这些已知异象指标的影响呢？

Green，Hand and Zhang（2012）提供了一个回答这个问题的方法。他们在 333 个指标中选取了 39 个历史较长、数据可得性较好的指标，随机抽取 1 个作为“新发现指标”，然后把本指标的回报率回归到从剩下的 38 个中随机抽取的指标上去（“已知指标”），检验这个回归模型常数项估计值的显著性。如果常数项统计上显著，说明在控制了“已知指标”的基础上，“新发现指标”还能带来超额回报，因此是个新异象指标。

Green，Hand and Zhang（2012）发现，当控制 5 个“已知指标”时，“新发现指标”有 62%的概率是新异象；当控制 25 个“已知指标”时，“新发现指标”有 32%的概率是新异象。因此，Green，Hand and Zhang（2012）认为新的投资策略研究不需要控制住所有已知的异象指标。

8.2　投资策略研究对金融投资界的指导作用

投资策略研究的目的是指导金融投资的实践。那么，过去 40 年大量的研究，尤其是异象研究，对现实的金融投资是否有指导意义呢？投资界是否把学术研究成果应用到实践中去呢？

Richardson，Tuna，and Wysocki（2010）就以上问题收集了 201 份投资界人士的问卷调查。调查结果表明，学术研究对投资实践具有重要的指导意义，大量的研究成果被应用到投资策略构建中。具体来说：

（1）几乎 100％的投资界人士在投资策略中使用 CAPM，Fama-French 三因素模型，或这两者的变种模型来衡量投资组合的风险水平，评估投资业绩。

（2）面对 2009 年金融危机导致的投资市场波动，超过 60％的受访者认为投资市场对基本面投资策略、精准风险计量模型研究的需求会增加。

（3）对于学术界发现的投资异象构成的策略，大量投资界人士表明他们在过去成功地加以了使用，例如，盈余动量策略（61％的受访者回答过去成功应用）、价值策略（56％）、成长策略（57％）、应计利润策略（41％）等。

（4）关于未来的证券投资研究，受访者认为重点应该放在投资者行为（62％），预测企业和行业基本面（59％），发现新的异象（55％）以及实证交易策略（51％）。

从以上这些问卷调查结果可以看出，美国金融投资界十分重视证券投资学术研究的成果，并真正把学术研究成果应用到投资实践中去。① 事实上，相当多的学术界人士或者离开学术界投身到资金管理中去，或者业余组建基金管理公司，直接把学术成果应用到投资实践。

McLean and Pontiff（2013）从另一个角度说明了学术研究对投资实践的指导作用。假如投资实务界确实关注学术界的投资研究成果，那么我们应该观察到一个现象：当一个新的投资策略研究公布或发表后，这个策略的获利能力应该逐渐减退。之所以如此是因为投资界读到这个研究成果后，根据其指标构建投资组合获利。但是，应用这个策略的基金多起来后，错误定价被纠正，因此未来这个策略就不灵了。

McLean and Pontiff（2013）检验了 82 个投资异象指标，发现当这些异象文章发表后，文章中用历史数据计算的异象回报率在发表后逐渐降低了

---

① 这些问卷调查的结果可能低估了对以上这些问题的正面回答，因为问卷调查对象中可能有一些受访者管理指数基金，而非积极管理基金。

35%，显著异于 0，说明确实有投资基金在应用这些文章的指标进行交易。

8.3 投资策略研究面临的问题

Subrahmanyam（2010）对投资策略研究中的问题做了简明扼要的回顾。事实上，这些问题早就为学术界所知，但是迄今尚无特别好的方法给予彻底解决。

第一个问题还是 Fama 教授提出的联立假设问题。只要不确知我们的风险模型已经抓住了市场上所有的系统性风险，我们就面临着无法排除一个异象指标的超额回报率到底是投资者错误定价所致，还是系统性风险控制不足所致。例如，当前投资策略研究在控制风险时一般使用 Fama-French 三因素模型（或者再加一个动量因素（momentum factor））。但是已有研究质疑规模因素（size factor）或者账面—市值比因素（book-to-market factor）并不具有系统性风险的特征。更重要的，这两个因素缺乏市场因素那样坚实的经济学理论依据，所以，与其说它们是系统性风险因素，不如说它们是 Green, Hand and Zhang（2012）333 个异象指标中的两个，和其他 331 个指标一样。

第二个问题是本书第 4 章和第 5 章回顾的套利成本和套利风险的计量问题。即便我们有正确的风险计量模型，但是发现了异象后还需要回答异象（错误定价）为什么没有被套利者立即铲除的问题。套利成本和套利风险是阻碍套利者铲除交易异象最主要的原因。我们对两者的认识和计量都还不足。

第三个问题是异象（错误定价）为什么会发生的问题。这是本书第 6 章回顾的内容。投资者心理误差很显然是错误定价发生的原因，但是我们对其的理解还远不尽如人意。

8.4 投资策略研究的新动力

和前 30 年相比，应该说，最近 10 年中，证券投资研究是发展比较缓慢、突破较少的 10 年。上一小节中回顾的问题仍然在困扰着我们，短期内还看不到突破性研究出现的希望。

但是，这并不表明未来投资策略研究不能在其他方向上有重要进展。

我们再来回顾一下 Shiller（1984）中的这个定价模型：

$$P_t - \sum_{k=0}^{\infty} \frac{E_t(D_{t+k}) + \phi E_t(Y_{t+k})}{(1+\rho+\phi)^{k+1}}$$

式中，ϕ 可以认为是套利有限性（套利成本和套利风险）；$E_t(Y_{t+k})$ 可以认为是噪音投资者在未来期间对该证券的需求。也就是说，一个证券现在的价格取决于两个因素：一是其内在价值；二是噪音投资者对该证券的需求（导致错误定价）。这两个因素的相对权重由套利有限性决定。套利有限性越弱，噪音投资者的作用越小，价格更接近内在价值；如果套利有限性不存在，有效资本市场理论就完全成立。但是，当套利有限性很强的时候，市场被噪音投资者占据主导地位。噪音投资者的需求导致错误定价，而套利有限性又使聪明的投资者不能够通过套利来消除错误定价，市场就出现了无效状态。

当我们在风险资本成本、套利有限性、噪音投资者需求等方向上面临问题，期待突破性研究的同时，我们可以在对未来现金流预测上做更多的研究。

简单浏览一下过去的投资策略研究，我们会发现投资策略的指标大体都基于过去几个月或过去一年的会计或价格数据。我们往往根据过去一年的财务报表预测未来财务指标（盈利、现金流等），并基于此预测未来股票回报。但是，投资者预测未来时掌握的信息远不止于此，而投资策略研究尚很少对这些其他信息加以利用。

姜国华、饶品贵（2011）提出了基于宏观经济政策与波动的微观企业行为研究，为更好地预测企业未来提供了一个方向。简单来说，把宏观经济背景因素引入对企业行为和企业未来业绩的预测中去，比单纯利用过去业绩预测未来业绩更能提高预测的先见性和准确性，从而更好地构建投资策略，发现投资异象。

另外，我们对投资者所处的信息环境的理解尚待研究。不论是宏观信息、行业信息，还是企业财务与非财务信息，都和企业未来业绩相关。但是，投资者对这些信息的解读受其所处信息环境的影响，错误定价的方向和程度往往和投资者信息环境相关（Jiang，Lee and Zhang，2005）。

我们相信，结合非财务会计信息和投资者信息环境的预测研究，在可预见的未来内，将成为投资策略研究的新动力。

8.5 中国资本市场投资研究

最后，我们简单讨论证券投资研究在我国资本市场上的发展情况。

我国股票市场从出现至今不过20余年的历史，债券市场更是最近10年的事情，因此学术界对于证券投资的研究尚未像在其他国家那样普及。

阻碍证券投资研究在我国开展的另一个原因是一种很流行的观念：我国的资本市场是个“投机”市场，是个散户主导的市场，是个“没有价值”的市场等类似的说法。首先，我们不同意这种观点，只要经济有价值创造，资本市场主体就有价值。在此不做赘述。

我们希望重点指出的是，不论我们的资本市场多么有“中国特色”，其运行逻辑也一样能够被Shiller（1984）的模型所概括。影响我们证券投资的因素都在这个模型中：未来现金流、风险资本成本、套利局限性（套利成本与套利风险）、投资者心理误差。在这些方面，结合我国市场现实，开展研究，对投资者、对资本市场发育、对经济发展都有重要的意义。

我们希望通过本书的学习，更多的读者能够理解资本市场价格形成的逻辑，促进我国证券投资领域的研究，更希望能推动我国资本市场的健康发展。

参考文献

姜国华，饶品贵. 宏观经济政策与微观企业行为——拓展会计研究新领域. 会计研究，2011（3）

饶品贵，姜国华. 货币政策波动、银行信贷与会计稳健性. 金融研究，

2011（3）

饶品贵，姜国华. 货币政策、信贷资源配置与企业效率. 管理世界，2011（3）

饶品贵，姜国华. 货币政策对银行信贷与商业信用互动关系影响研究. 经济研究，2013（1）

Bernard，V.，and J. Thomas. 1989. Post-earnings announcement drift: delayed price response or risk premium? *Journal of Accounting Research* 27: 1-36

Francis，J.，R. LaFond，P. Olsson，and K. Schipper. 2005. The market pricing of accrual quality. *Journal of Accounting and Economics* 39: 295-327

Green J.，J. Hand，and F. Zhang. 2013. The supraview of return predictive signals. *Review of Accounting studies*: 1-39

Jiang，G.，C. Lee and Y. Zhang. 2005. Information Uncertainty and Expected Returns. *Review of Accounting Studies* 10: 185-221

McLean，R.，and J. Pontiff. 2013. Does academic research destroy stock return predictability? Working paper，University of Alberta

Richardson，S.，I. Tuna，and P. Wysocki. 2010. Accounting anomalies and fundamental analysis: a review of recent research advances. *Journal of Accounting and Economics* 50: 410-454

Sloan，R.. 1996. Do stock prices fully reflect information in accruals and cash flows about future earnings? *The Accounting Review* 71: 289-316

Shiller，Robert J.. 1984. Stock Prices and Social Dynamics. *The Brookings Papers on Economic Activity* 2: 457-510

Subrahmanyam，A.. 2010. The cross-section of expected stock returns: what have we learnt from the past twenty-five years of research? *European Financial Management* 16: 27-42

图书在版编目（CIP）数据

证券投资实证研究：重点文献导读/陆正飞，姜国华，张然主编. —2版. —北京：中国人民大学出版社，2013.9
高等院校研究生用书
ISBN 978-7-300-18014-4

Ⅰ.①证… Ⅱ.①陆…②姜…③张… Ⅲ.①财务会计-研究生-教材②证券投资-研究生-教材 Ⅳ.①F234.4②F830.9

中国版本图书馆CIP数据核字（2013）第216678号

高等院校研究生用书
证券投资实证研究：重点文献导读（第二版）
陆正飞　姜国华　张　然　主编
Zhengquan Touzi Shizheng Yanjiu：Zhongdian Wenxian Daodu

出版发行	中国人民大学出版社		
社　　址	北京中关村大街31号	**邮政编码**	100080
电　　话	010－62511242（总编室）		010－62511398（质管部）
	010－82501766（邮购部）		010－62514148（门市部）
	010－62515195（发行公司）		010－62515275（盗版举报）
网　　址	http://www.crup.com.cn http://www.ttrnet.com（人大教研网）		
经　　销	新华书店		
印　　刷	北京昌联印刷有限公司	**版　　次**	2008年1月第1版 2013年10月第2版
规　　格	170 mm×228 mm　16开本		
印　　张	13.75 插页1	**印　　次**	2013年10月第1次印刷
字　　数	206 000	**定　　价**	32.00元

教师教学服务说明

中国人民大学出版社工商管理分社以出版经典、高品质的工商管理、财务会计、统计、市场营销、人力资源管理、运营管理、物流管理、旅游管理等领域的各层次教材为宗旨。

为了更好地为一线教师服务，近年来工商管理分社着力建设了一批数字化、立体化的网络教学资源。教师可以通过以下方式获得免费下载教学资源的权限：

在“人大经管图书在线”（www.rdjg.com.cn）注册，下载“教师服务登记表”，或直接填写下面的“教师服务登记表”，加盖院系公章，然后邮寄或传真给我们。我们收到表格后将在一个工作日内为您开通相关资源的下载权限。

如您需要帮助，请随时与我们联络：

中国人民大学出版社工商管理分社
联系电话：010－62515735，62515749，82501704
传　　真：010－62515732，62514775　电子邮箱：rdcbsjg@crup.com.cn
通讯地址：北京市海淀区中关村大街甲 59 号文化大厦 1501 室（100872）

教师服务登记表

姓 名		□先生　□女士	职　　称		
座机/手机			电子邮箱		
通讯地址			邮　　编		
任教学校			所在院系		
所授课程	课程名称	现用教材名称	出版社	对象（本科生/研究生/MBA/其他）	学生人数
需要哪本教材的配套资源					
人大经管图书在线用户名					
院/系领导（签字）： 院/系办公室盖章					